Das kleine Buch

Das kleine Buch

...für die tolle Frau über 40

Mit Bildern von
Marie Marcks

Wilhelm Heyne Verlag
München

3. Auflage

Copyright © 1995
by Wilhelm Heyne Verlag GmbH & Co. KG, München
Umschlaggestaltung: Christian Diener
Gedruckt auf chlorfreiem, geglättetem Werkdruck
Gesetzt in der 10 auf 12 Punkt Plantin
Satz: Kort Satz GmbH, München
Druck und Bindung: RMO, München
Printed in Germany

ISBN 3-453-08811-5

Inhalt

RENATE JUST
Die mittleren Jahre 8

DORIS DÖRRIE
Das Reich der Sinne 23

MARGARET ATWOOD
Frauenromane 42

ELFRIEDE HAMMERL
Cellulitis 47

KETO VON WABERER
Das »scheue Wild« 55

LISA FITZ
Die gute Frau 61

IRMGARD KEUN
Porträt einer Frau mit
schlechten Eigenschaften 62

DJUNA BARNES
Aller et retour 65

JÖRN PFENNIG
Philemons Gruß 79

ROBERT GERNHARDT
Das Quadrat und die Frauen 81

MASCHA KALÉKO
Träumer mittleren Alters 88

ELKE HEIDENREICH
Die Zipperlein der Männer   89

REGINE SCHNEIDER
Mein vierzigster Geburtstag   95

FRANZISKA POLANSKI
Häppchenschizophrenie 116

MASCHA KALÉKO
»Die Leistung der Frau in der Kultur« 120

ELFRIEDE HAMMERL
Wider die Natur 122

ELSA MORANTE
Donna Amalia 125

Quellennachweis 141

In meinem gesamten Leben habe ich mich nie wie 10 oder 16 gefühlt. Ich war eigentlich immer schon 40 und selten unbefangen. Zumindest habe ich es so empfunden, obgleich die Wirklichkeit sicher eine andere war. Folglich fühlte ich mich in meiner Haut erstmals wohl, als ich 40 Jahre alt wurde, als die Empfindung mit der Realität zusammentraf.

Meryl Streep

RENATE JUST

Die mittleren Jahre

Seit wann eigentlich fällt einem auf, daß man ausgerechnet im Herbst jeweils ein Lebensjahr weiterbefördert wird? Älterwerden im Oktober: offenbar eine ideale Saison für diesen rund um die Vierzig langsam doch etwas elegischen Vorgang. Gerade noch flogen die Wasserbälle, kreuzten die Kabrios, schien von überallher pralle Badestrand- und Biergartenlust heranzuschäumen. Die Gärten waren knallbunt und die Welt knalljung. Und jetzt?

Das sogenannte Geburtstagskind, mit einer weiteren Ziffer in den Bezirk der »mittleren Jahre« vorgerutscht, fühlt sich etwas stockfleckig und angegilbt. Dabei hat es so einen schönen Gabentisch aufgebaut gekriegt: mit dem Morandi-Bildband, den mattweißen Bone-China-Teetassen und diesem wunderbar müden Strauß bräunlicher Zentifolien... Warum kommt ihm bloß in den Kopf, wie ungemein passend das alles ist zur fortgeschrittenen Zahl der Jahre? Pastellig-zurückgenommen, diskret, melancholisch, eine Idee ältlich?

Die Gemütslage ist skeptisch; da mögen sie einem noch so kregel zujubeln, aus Lebenshilfe-Bestsellern und Damenblatt-Kolumnen: »Endlich über vierzig!« und »Ab vierzig voll im Trend!« ... Daß da jemand wirklich *gern* hin will, wo man selbst, ausbleiben konnt's ja nicht, einigermaßen ratlos gelandet ist, dafür fehlt der Glaube. Schließlich assoziiert sich nicht ganz grundlos Trübsinniges mit allen »mittleren« Termini: Mittelmaß und Mittelweg, mittelprächtig und mittleres Alter: Klingt alles zum Davonlaufen.

Mit schöner Kraßheit hat Dorothy Parker in ihrem Monolog *The Middle or Blue Period* das leise, klamme Grauen beschrieben, das sich angesichts dieses Lebensabschnitts einschleichen kann: »Ach, könntest du bloß diese öden Dekaden überspringen... Siebzig hat einen gewissen Chic, Achtzig Eleganz... Die Leute sollten eins von beidem sein, jung oder alt. Nein, wozu sich zum Narren halten? Die Leute sollen eins von beidem sein – jung oder tot.«

Immerhin laufen in unseren Tagen mengenweise vorbildliche Menschen herum, die jede Tristesse, jede Krisenhaftigkeit mittleren Alters abgeschafft zu haben scheinen. Nach dem stählern beherzigten Leitsatz »Life is training« sehen sie aus – und nach der Diätmargarinen-Devise »Ich will so bleiben, wie ich bin«: drahtig, dominant und auf eine diffuse Weise dauerjung.

Irgendwie hat man sich ja doch ganz bequem abonniert gefühlt auf eine ausgedehnte Existenz als »relativ junge Person«. Trotzdem wundert man sich wie der erste Mensch, wenn man, vorm Spiegel, auf einem Photo, zum ersten Mal illusionslos erkennt: Aha, jetzt bist *du* dran. Einen »Vorgezeichneten« nannte Max Frisch so einen Kandidaten beginnenden Alters, der noch nicht ganz faßt, daß nun auch ihn das Unvermeidliche erwischt, und der »auf seine ersten grauen oder weißen Haare aufmerksam macht, als sei das Natürliche in seinem Fall sozusagen eine Kuriosität«.

Ein Verhältnis ängstlicher Ironie zum eigenen Körper, samt erster Hypochondrien, macht sich in diesen Jahren gern breit. »Noch ist man ja gut beieinander – aber man merkt die Gefährdung«, sagt der Psychologe Ende Vierzig, der es »schon eine arge Ungerechtigkeit« findet, daß er einen ganz grauen Kopf bekommen hat und auch mal die halbernste Überlegung anstellte, sich beim teuren Friseur seiner Tochter die Haare färben zu lassen.

Der Anwalt in den Vierzigern hat Rheuma, der Bergsteiger merkt den Verschleiß in den Knien, die gertenschlanke Malerin seufzt: »Wenn ich mich ganz gerade hinstell', kann ich im Bikini noch als junges Mädchen durchgehen. Aber wehe, ich beug' mich vor.«

Der Oberstudienrat bildet sich ein, immer mehr weiße Kopfhautflecken durch die Frisur schimmern zu sehen, seine Frau findet, sie bekommt an den Händen »so eine komisch labbrige Geflügelhaut, wie ein altes Suppenhuhn«.

Die eigene Altersgruppe, so was registriert man, ist in den Heiratsanzeigen nur noch selten gefragt, bietet sich dagegen häufig als »jünger aussehend« an, als »Lausbuben« oder »Mädchenfrauen« gar, wenn die Inserenten gar kein Pardon kennen.

Der physische Abbau ist unschön und gar nicht lustig und wird von vielen Vierzigern aufschubshalber natürlich vehement bekämpft, mit Tennis, Mountain-Biking, »City-Marathon« und anderen Strapazen. Die faulen Fatalisten sehen da eh kein Land mehr und lassen größere Kraftakte gleich bleiben. Zwar können sie sich dann nicht besonders leiden, in ihrem kampflosen Phlegma, aber viel peinlicher und alberner kämen sie sich vor, wenn sie als Lebenshaltung stets dampfende Dynamik und Spannkraft signalisieren sollten.

Man kennt sie ja, diese Patentrezepte gegen Erschlaffung: Nie sagen, ich bin zu alt! Sich immer wieder neu fordern! Keinem Risiko ausweichen! Dazu fällt einem der schrecklich alerte und elastische Mittvierziger Klaus Buch aus Martin Walsers *Fliehendem Pferd* ein, wie er seinen dicklichen und skrupelhaften Altersgenossen Helmut Halm zum späten Erfolgstyp umkrempeln möchte: »Laß es uns groß spielen. Mensch, Helmut. Ich hol dich raus aus deiner Flaute, Junge. Uns will das Leben... Noch mal vom Stapel laufen, bevor wir fünfzig sind... Challenge, verstehst du, dann flutsch's...«

Eine vage, wenig entschlossene Einstellung zu Leistung und Erfolg wird unserer Generation der Vierzigjährigen ohnehin gern nachgesagt. Eines stimmt wohl: So energiegeladen, profilierungshungrig und zielstrebig, wie es den uns nachgeborenen Neuen Tüchtigen entspricht, so überzeugt vom Leitbild »Professionalität«, sind wir vielfach nicht geraten. Und je älter wir werden, desto mehr entwickeln wir Vorlieben für zweckfreie Zwischenräume, für

Neben- und Schleichwege des Lebens, für Lücken, Umwege und Zufälligkeiten – als spiele sich hier, und nicht auf den begradigten, punktgenauen Rennstrecken, »das Eigentliche« ab. »Ganz erstklassig ist nur das Hinzugegebene. Alles Anzielbare und zweckmäßig Erreichbare ist zweiten Ranges« – dieser Satz von Heimito von Doderer hätte uns in jungen Jahren wohl wenig gesagt. Zwanzig Jahre später haben wir eine Ahnung davon bekommen, *wie* wahr er ist.

Ganz schön »behäbig« sind wir jedenfalls geworden, ganz schön umstellt von Eigentum. Wo ist die heilige Flexibilität, die allzeit freischweifende, geblieben? Das leichte Gepäck der frühen Jahre – eine VW-Bus-Ladung höchstens, mit zwei, drei Bücherkartons, einer geerbten Lampe, einer Obstkiste LPs, zwei Armvoll Klamotten – hat sich zur Befrachtung mehrerer Siebentonner verwandelt. Ganze Häuser, Altbauwohnungen, vollgepackt mit Bücherwänden, groß- und kleinformatigen Kunsterzeugnissen, Weinkellern und Kuriosa-Sammlungen, Edelstahltöpfen, Kirschholz-Sekretären und Art-deco-Lampen müssen heute gegebenenfalls bewegt werden.

Die vereinzelten Besitz-Verweigerer, die es unter uns Vierzigern auch noch gibt und die es geschafft haben, ohne all diese Mauern aus Hab & Gut durchs Leben zu stromern, werden von uns meistens sehr bewundert. Schließlich hieß die programmatische Moralfibel von Erich Fromm, die in den Siebzigern eine Art Pflichtlektüre der Rechtschaffenen war, *Haben oder Sein* – und ihre Botschaften gegen Raffgier,

Machthunger, aggressives Wachstum einerseits, und für Teilen, Liebe, Natur andererseits, waren so wahr, schön und gut, daß man schon beim Anblick des schwarzgrünen Buches ein schlechtes Gewissen bekam.

Die Polarität, die Fromms Titel auf den Nenner brachte, ist bis heute in den Lebensstilen der Vierziger als fast komisches Paradox zu besichtigen. Da mischen sich die Relikte der alten »großen Verweigerung« – ein Feind der Warenwelt war man wirklich aus gründlicher Überzeugung – mit etwas unentschlossenen Versuchen, auch ein bißchen mitzuhalten mit Lifestyle- und Design-Normen der achtziger Jahre. Da steht der Korb mit Naturwolle neben dem Alessi-Kessel, die sündteure japanische Kosmetik neben der Ringelblumensalbe.

Es sind häufig die Vierzigjährigen – doppelt geprüft durch die eher karge Kindheit der Nachkriegszeit und die antibürgerlichen Verzichtsstandards der Sechziger –, die beim allzu weitherzigen Geldausgeben immer noch eine Gänsehaut kriegen. Staunend vernehmen sie, was alles zum unverzichtbaren Hausrat eines Kollegen Ende der Zwanzig gehört: PC, Fax und allerneuester Anrufbeantworter sowieso, Mikrowelle, Niedervoltanlage und jegliche Unterhaltungselektronik... Man selbst, kann der Mittelbejahrte einwerfen, habe jetzt wenigstens *Die Decca-Jahre* der Rolling Stones auf CD.

Überhaupt hat die umfängliche Rockplatten-Sammlung, von den Yardbirds und den Pretty Things bis zu

Elvis Costello und den Talking Heads (danach ließen Begeisterung und Sammellust deutlich nach), etwas zunehmend Irritierendes: Was mal der Inbegriff rebellischer Lebensfreude war, ist inzwischen geradezu museumsreif. Man liebt die Musik wie früher, aber man hört sie immer seltener – und »schont« jetzt seine abgetatschten Original-LPs, deren Cover mit vergilbtem Tesafilm geklebt sind –, zu sonderbar sind die Empfindungen, die einen dabei überkommen: ein Ziehen im Magen nach unwiederbringlicher Intensität, ein melancholisches Gefühl von »Nachklang«. Nur auf vierzigsten Geburtstagen, die heute gern mit kokett-trotzigem Karacho gefeiert werden, rastet man zu später Stunde in gleichgestimmter Gesellschaft manchmal gründlich aus und krakeelt *The Harder They Come* oder *Heart of Gold* im tiefempfundenen Singalong mit, das Weinglas in der Hand, und wenn man sich dann noch von den anderen Oldies zu einer Art Tanzen hat hinreißen lassen, möchte man sich lieber nicht gesehen haben und empfindet den dicken Kopf des Folgetags als angemessene Sühne.

Auch die Lust auf Kneipen, Bars, nächtliche Rundzüge ist einem irgendwie schleichend abhanden gekommen, und die war mal groß. Tantenhaft registriert man: Es stinkt, und man kriegt keine Luft und muß brüllen und auf seinen müden Füßen herumstehen. Es sind halt auch die Zeiten des »Knisterns« vorbei, der geübten Selbstdarstellung, der latenten Flirtsituationen, der vielen kleinen narzißtischen Freuden, die einen in den Trubel zogen. Heute läßt sich in diesem

15

Rahmen die »Ich bin zu alt«-Erfahrung herzhaft erleiden, und der geht man naturgemäß lieber aus dem Weg. Man betreibt statt dessen »Cocooning«, was nichts anderes ist als häuslich-friedliches Herumdumpfen, trifft sich mit Freunden in deren Kokons und trinkt den eigenen Wein. Oder man geht fressen, wozu ja keiner je zu alt ist.

Im Kulinarischen, »dieser schlürfenden und schmatzenden Lebenseinstellung« (Joseph von Westphalen), sind die Vierziger wahre Weltmeister. Brunello di Montalcino sollte ihnen in den Adern fließen, Spaghettini auf dem Kopf wachsen, und im Mund sollten sie eine Schalotte tragen. Kaum einer, der nicht selbst ambitioniert köchelt und brutzelt, bardiert und filetiert – meistens »durchwirkt und durchwabert von italianità«, wie Robert Gernhardt sich über den toskanischen Fimmel mokiert.

Jeder sein eigener Restaurant-Führer, jeder ein wandelndes Geheimtip-Schatzkästlein: für den vorzüglichen kleinen Eigenbau-Winzer im nördlichen Weinviertel, den exquisitesten Patissier von Brüssel, den üppigsten Meeresfrüchtestand auf dem Campo di Fiori… Das kollektive Connaisseurtum schwappt so machtvoll bis in die abgelegenste Gaumenfreuden-Provinz, daß schon aus diesem Grund der SPD-Kanzlerkandidat, der leicht übergewichtige Genußmenschen-Art mit ernsthafter Ökosteuern- und Anti-KKW-Moral zu vermengen versteht, ein Bilderbuchpolitiker der postalternativen und wohllebengeneigten Vierziger-Generation ist.

Gewiß, auch Personen wie Volker Rühe, Eberhard Diepgen, auch der golfende Steuerberater mit Top-Einkommen und die Joop-gewandete Karriere-Hexe neuen Typs gehören zu dieser Altersgruppe. Aber die müssen alle eine ganz andere »Sozialisation« gehabt haben. Unsereinem ist das verbindende Etikett »Altachtundsechziger« eingefräst wie einer Rinderherde ihr Brandzeichen, und bisweilen schlucken wir schwer an den Sottisen, die die spottlustigen Jüngeren, in *Tempo* zum Beispiel, über uns auskübeln. Eine schlaffe Bande »bärtiger, leicht vertrottelter Diplompädagogen« (wahlweise »buntpullovriger Links-SPD-Ladafahrer«) sind wir demnach, die sich »immer noch die Joints reinreißen, bis die Bronchien brennen«. Wenn wir nicht, in Fusselbart und Birkenstock, »schmollend in der Toskana sitzen«, falls weiblich »mit dem gestrengen Habitus alternder Feministinnen«, »moralische Frustbläser« halt, dann hängen wir schlumpfig in unseren solarbeheizten Apfelsinenkisten-Behausungen, wo wir nicht mal erwachsen, geschweige denn »in Würde alt werden und endlich Beethoven hören« können.

Abgesehen davon, daß wir gern Beethoven hören, wenn auch eigentlich lieber Bach und Schubert: So ganz grundlos ist der Hohn der Achtziger-Trendies ja nicht. Das mild-bourgeoise Schlappitum der Mittelalten, kombiniert mit dem erhobenen Zeigefinger altrevolutionärer oder grüner Rechtgläubigkeit, mag manche Nachgeborenen schon nerven. Was ist schon übriggeblieben vom großangelegten, theorieschweren politischen Aktivismus der studentenbewegten Jahre? Müll sortieren, Greenpeace-Spenden, Kat-Auto fahren oder, ganz und gar im öko-snobistischen Trend: Die Motorisierung abschaffen und auf die Kombination Rennrad-Tram-Taxi umsteigen.

Man »erholt« sich im eigenen Landhaus – die gräßlichen Urlauber-Heerzüge machen bekanntlich die Umwelt kaputt, und außerdem düst ja heute jeder Depp überallhin, wo *wir* schon lange waren –, hat den provenzalischen Dependance-Schlüssel von Freunden in der Tasche oder trifft sich auf schöngelegenen Liegenschaften zum Country-Wochenende, wo man gemeinsam Wände mit »Auro«-Naturfarben bepinselt und große Eintöpfe aus selbstgezogenen Feuerbohnen kocht.

Einerseits fühlen wir uns mit unseren Naturholzschränken und tönernen Obstschlüsseln, alles bis vor kurzem noch »gnadenlos seventies«, ja doch ein bißchen rehabilitiert, auch werden ja unsere alten Hippie-Werte nun als »Neue Natürlichkeit« oder »Neue Bescheidenheit« wieder à la mode. Andererseits wird's eng in unseren angestammten ländlichen Nischen, wenn jetzt naturbelassener, neu-rousseauistischer Lebenswandel auf eine beängstigende Weise todschick wird.

Denn Blumenzucht und Bestimmungsbuch: Das alles galt nun wirklich lange Zeit als unangefochtenes Reservat eines besänftigten, beschaulichen mittleren Alters. Man selbst hätte es vor einem Dutzend Jahren auch nicht für möglich gehalten, daß man mal mit der

Lupe in der Hecke herumstöbern würde, um eine Schmetterlingsraupe zu identifizieren. Blümchen und Vögelchen, nein wirklich! Naturpusselig wie Loki Schmidt wäre man sich vorgekommen. Die ganze Natur – blühende Gärten, wilde Wälder, summende Wiesen – das alles war in jungen Jahren höchstens willkommene, weil angenehm sinnliche Kulisse für irgendwelche hitzigen Sommerverliebtheiten, die einen umzutreiben pflegten. Heute hat man zwangsläufig viel mehr Aufmerksamkeit und Empfindsamkeit übrig für den riesigen Reichtum von Flora und Fauna, der gesamten Kreatur.

Man guckt genauer und andächtiger hin, man studiert die Dinge bedachtsamer, weil man nicht mehr so heillos in seinen eigenen Gefühlserregungen schwimmt. Ob das ein Gewinn ist – Gott sei Dank fühlt es sich meistens so an –, oder ob man notgedrungen das Beste aus einem erheblichen Vitalitäts-Verlust macht, sei dahingestellt.

Ganz und gar der »vita contemplativa« wird man sich auch in den kommenden Dekaden nicht ergeben mögen, aber man lernt tatsächlich eine profundere Gelassenheit kennen; eine angenehme Verlangsamung des Lebensgefühls, eine unaufgeregte »Selbstvergessenheit«, die einem zum Beispiel wieder erlaubt, beim Bücherlesen fast so weggetreten in fremden Welten zu versacken, wie man das als Kind kannte und wie es sich während der nervösen, egozentrischen Profilierungsjahre fast verflüchtigt hatte. Und stellt dabei fest, daß die Phantasietätigkeit, die

Bilderproduktion im Kopf, zum Glück kein bißchen nachläßt, sondern einen uneingeschränkt weiter mit der vielleicht lebenswichtigsten aller Nahrungen versorgt. In seiner Innenwelt ist man schließlich ungebremst neunjährig, achtzehnjährig, vierzigjährig – alles durcheinander und alles auf einmal. Da existiert die Kategorie des realen Lebensalters überhaupt nicht.

Ein »Hochplateau« nennt die 44jährige Lyrikerin Katrine von Hutten die Landschaft der Lebensmitte. Ein schönes, fast zu ideales Bild: Ein ganzes Stück ist man schon emporgekraxelt. Nun steht man auf einer Anhöhe mit weitem Rundblick, ruhiger ist es hier als im betriebsamen Talgrund, die Böden sind nicht ganz so ertragreich, die Besiedlung ist dünner, und die Abende werden früher empfindlich klamm. Die kargen Felswände aber, die nach der Durchquerung dieser gemäßigt temperierten Zone auf einen warten, verschwimmen im Dunst, so weit sind sie noch weg.

Eine würdige, wohlklingende Metapher, wie die von »Reife« und »Erntezeit«, die sich mit unseren Jahrgängen verbindet. Wohl denen, die so edel »erwachsen« geworden, so aufgehoben in lebensbejahender »Ich-Integrität« sind. Denn während mancher Phasen erlebt sich das Mittlere Alter als eine verwirrte, kippelige Zeit zwischen allen Stühlen, voller Selbstzweifel und auch voller resignativer Standardfragen, nach dem, was war, nach dem, was kommt.

Als nagende, bösartige Monster tauchen die peinlichen, schamvollen Erinnerungen auf, mit herzzerreißender Gewalt springen einen zuweilen die verlorenen wunderbaren Erinnerungen an. Daß sie Legende sind, weiß man, aber das hilft nichts. Mit großer Deutlichkeit geraten einem im Mittelalter gern die persönlichen Lebenslügen vor Augen, jetzt, wo man sich schwerlich noch aus ihrem Netz befreit. Und die stupiden Wiederholungen von Glück wie Qual während des Erdenwandels werden nun manchmal so offenkundig, daß die »schwarz-galligen« Melancholie-Anfälle sich häufen können bis zur gründlichen Depression, während welcher sich, so der Lyriker Michael Krüger, »die eigene Existenz beharrlich jeder Definition entzieht«.

»Der wahre Erwachsene«, schreibt Bettina Röhl, Mitte Zwanzig, in *Tempo*, altert mit einer gewissen Würde. Mit zunehmendem Alter wird er selbstbewußter. Der wahre Erwachsene geht seinen Weg und ist nie aus der Ruhe zu bringen. Er ist easy, ohne seicht zu sein. Er ist angenehm und nervt niemals. Er ist stolz, sich immer noch in die Augen schauen zu können. Innere Ausgeglichenheit »kennzeichnet ihn«. Ach Bettina! Ob wir Mittelbejahrten es vielleicht doch noch schaffen können, »der wahre Erwachsene« zu werden bis zum Rentenalter, mit 65?

22

DORIS DÖRRIE

Das Reich der Sinne

Und ich bezahle auch noch das Hotelzimmer, er hat ja keinen Pfennig, ein Medizinstudent! Was finde ich nur an diesem kleinen, dummen Jungen? schrieb ich auf die Rückseite der Speisekarte. Ich bin verzweifelt, ich bin glücklich. Ich strahle, ich heule, ein entsetzlicher Zustand, aber ich zittere vor Angst, daß es irgendwann aufhört. Oh, ich will, daß es aufhört, es soll aufhören, ich will wieder die Person sein, die ich war, erwachsen, erfolgreich, unverletzbar.

Ich hielt inne. Aus dem Lautsprecher über mir drang afrikanische Popmusik, eine Bedienung, die hinter dem Tresen stand und Gläser spülte, stampfte dazu rhythmisch mit dem Fuß. Ein großer schwarzer Hund, der zu niemandem zu gehören schien, lief zwischen den Tischen herum und leckte Krümel auf.

Verschlafene junge Menschen saßen an ein paar Tischen und frühstückten um zwölf Uhr mittags. Jung wie er, halb so alt wie ich. Aber ich war doch noch nicht alt! In der Lebensmitte, so nannte man das doch – nach dieser Rechnung müßte ich allerdings mindestens achtzig Jahre alt werden. Also doch schon alt?

Ich mußte meine Verwirrung in Worte fassen. Früher habe ich Tagebücher geführt, ihnen regelmäßig mein Leid geklagt über das Leben und die Männer. Wenn ich es aufschreiben konnte, war alles schon nicht mehr ganz so schlimm. Immer dasselbe: Er liebt mich, er liebt mich nicht. Ein ganzer Stapel von diesen Büchern, schwarz mit roten Ecken, liegt in einer Kiste auf dem Dachboden, ich habe sie nie mehr angesehen.

Als ich heiratete, hörte ich auf zu schreiben. Nicht, weil ich keine Klagen mehr gehabt hätte – unsere ersten Ehejahre waren nicht einfach –, ich hatte auch keine Angst, daß mein Mann es hätte lesen können, nein, ich mochte einfach niemandem, auch meinem Tagebuch nicht, über uns berichten; es wäre mir vorgekommen wie ein Vertrauensbruch.

Was uns bewegte, ging niemanden etwas an.

Ich fühle mich jung in seiner Gegenwart, schrieb ich in winziger, eiliger Schrift auf das Blatt Papier, und gleichzeitig so furchtbar alt. Ich genieße seine Unerfahrenheit, seinen Optimismus, die völlige Abwesenheit von Mißtrauen. Ich weiß nicht mehr, was ich tue, ich sitze hier in einem Café, am hellen Vormittag, wie immer habe ich P. zum Abschied geküßt, aber ich bin nicht ins Büro gegangen, sondern hierher, er kommt erst in einer Stunde, um mich abzuholen, heute, heute ist der Tag, ich zittere am ganzen Körper, ich verachte mich und bewundere meinen Mut, ich finde mich schön und häßlich, alles zur selben Zeit. Ich glaube, ich werde verrückt.

Ich sah auf, weil sich eine Frau an meinen Tisch setzte, obwohl es überall noch freie Tische gab, sie war auffallend blaß und vielleicht so alt wie ich, Anfang Vierzig, nur deshalb bat ich sie nicht, sich wegzusetzen. Vielleicht war das auch der Grund, warum sie mich sofort angesteuert hatte, es ist seltsam, wie sehr es einen einschüchtert, wenn man zwanzig Jahre älter ist als alle andern.

Er hatte diesen Treffpunkt bestimmt, natürlich, keiner der Gäste war über dreißig, die Kellnerinnen blutjunge hübsche Mädchen in hautengen Catsuits und hohen Stöckelschuhen, fast automatisch beugten sie sich zu tief über den Tisch, wenn sie die Aschenbecher ausleerten und die Gläser einsammelten, so daß man ihnen tief in den Ausschnitt sehen konnte.

Sah er vielleicht gar nicht, wie alt ich war? Erkannte er nicht den Unterschied zwischen seiner glatten Babyhaut und meiner, die von nahem und bei hellem Licht betrachtet aussah wie eine Miniaturaufnahme des berühmten Fotos von ausgedörrter, aufgesprungener Erde in Afrika?

In den wenigen Wochen, die ich ihn kannte, hatte ich gelernt, das Licht als meinen größten Feind zu begreifen. Ich setzte mich jetzt mit dem Rücken zum Fenster, so daß das Licht in sein Jungengesicht fiel, nicht in meins. Führungskräfte lernen das in Kursen, wer mit dem Rücken zum Licht sitzt, ist der Boß.

Ist die heiße Schokolade hier gut? fragte sie mich.

Ich weiß nicht, sagte ich, ich bin auch zum erstenmal hier.

Sie war hager, hatte flachsfarbene, halblange dünne Haare, die sie sich immer wieder aus dem Gesicht pustete, sie trug keinerlei Make-up, noch nicht einmal einen Lippenstift, arme, graue Maus, dachte ich und senkte wieder den Kopf.

Ich will nicht der Boß sein, schrieb ich, ich will, daß er mich quält, mich erniedrigt, mich behandelt wie ein kleines dummes Mädchen, ich will ihn vergöttern, ihm die Füße küssen, zu Gefallen sein.

Ich mußte lächeln über meine Albernheit, die Frau an meinem Tisch nickte mir schüchtern zu und winkte die Bedienung heran, ein Mädchen mit wunderschönen langen, rotblonden Haaren und tiefschwarz umränderten Rehaugen.

Mit leiser, aber entschiedener Stimme erkundigte die Frau sich über die Art der Zubereitung von Schokolade in diesem Lokal, ob auch wirklich kein Fertigpulver verwendet würde, sondern nur reines Kakaopulver, denn nur so schmecke ihr die Schokolade.

Warum ich? schrieb ich, in seinem Jahrgang gibt es die schönsten Mädchen der Welt. Was findet er an mir?

Die Bedienung zog die Augenbrauen hoch, ich kann ja mal fragen, sagte sie und ging mit aufreizend langsamen Bewegungen zurück zur Küche.

Für die Azteken war Schokolade ein Geschenk des Gottes Quetzalcoatl, nur Mitglieder des Hofes durften sie trinken, und auch nur die Männer, sagte die Frau langsam wie eine Lehrerin in der Volksschule zu niemand Bestimmten.

Ich sah nur kurz auf und schrieb weiter. Alles, alles würde ich aufs Spiel setzen, nur um wieder mit aller Macht verliebt sein zu dürfen. Womit hat P. dieses Verhalten verdient? Ich bin doch glücklich mit ihm, ich bin doch, verdammt noch mal, glücklich verheiratet!

Die Tolteken hatten ein Schokoladenopferfest, bei dem sie schokoladenfarbene Hunde opferten, fuhr die Frau fort, und Montezuma mochte am liebsten Schokoladeneis, die Schokolade wurde dazu über Schnee gegossen, den Läufer extra dafür jeden Tag aus den Bergen bringen mußten.

Das ist alles sehr interessant, sagte ich, aber...

Sie unterbrach mich. Ja, nicht? sagte sie verträumt, und das alles nur wegen dieses kurzen Gefühls auf der Zunge. Dabei schmecken wir gar nicht besonders viel, wir haben nur etwa 10 000 Geschmacksnerven, Kühe dagegen 25 000. Sie können wahrscheinlich genau Hornklee von Bocksklee und Bocksklee von Hahnenklee unterscheiden...

Ich starrte sie an. Ihr Gesicht wirkte hart, die verhaßten Linien von den Nasenflügeln zu den Mundwinkeln, die sich auch bei mir inzwischen unerbittlich durch die Haut gruben, waren bei ihr stärker ausgeprägt und gaben ihr den Ausdruck, als habe sie gerade in etwas Saures gebissen.

Aber jetzt begann sie zu lächeln, die Linien lösten sich auf, verschwanden, ihre Augen, die bisher eher fad ausgesehen hatten, begannen zu leuchten.

Ich wohne auf dem Land, sagte sie, in der Stadt würde ich es niemals aushalten. Allein dieser Lärm. Obwohl, einen Vorzug hat die Stadt, im Winter ist es wärmer. Und ich friere sehr leicht. Mindestens drei, vier Grad wärmer ist es im Winter in der Stadt, das kommt von den Häusern, die Abstrahlung. Aber das ist auch der einzige Vorteil. All diese Menschen würden mich verrückt machen... Ich verstehe nicht, wie man das aushalten kann... all diese Menschen.

Ich versuchte, nicht auf sie zu hören, aber der Drang, mit dem ich geschrieben hatte ohne nachzudenken, einzig in dem Wunsch, durch die Zeichen, die ich auf das Papier setzte, Ordnung in etwas zu bringen, in dem es keine Ordnung gab, begann sich unter ihrer Beobachtung zu verflüchtigen, ich begann mich meines pubertären Gekritzels zu schämen, jede Sekunde erwartete ich ihre Frage, was ich denn da schreibe.

Dabei haben wir uns nur angesehen, schrieb ich noch, uns nur an den Händen gehalten, flüchtig geküßt, mit geschlossenen Lippen, jawohl, wie die Kinder, mehr ist nicht gewesen. Mehr ist ja gar nicht gewesen. In dreiundvierzig Minuten wird er mich abholen.

Ich wußte nicht mehr weiter. Die letzten Sätze erschienen mir gestelzt, pseudoliterarisch, vor allem die Wiederholung: Mehr ist ja gar nicht gewesen. Ich knüllte das Blatt Papier zusammen. Sie sah mir dabei zu.

Ihre Schokolade kam. Sie kostete vorsichtig mit dem Löffel, dann nickte sie befriedigt. Ach, sagte sie genüßlich, Phenylethylamin.

Sie setzte eine wichtige Miene auf, zog aber zuerst ihren braunen Trenchcoat aus und hängte ihn sorgfältig über die Lehne ihres Stuhls, bevor sie sich leicht zu mir vorbeugte und erklärte: Phenylethylamin ist eine Substanz im Gehirn, die uns Leidenschaft fühlen läßt, das Gefühl des Verliebtseins, aber wenn die Leidenschaft, die Liebe vorbei ist, hört unser Gehirn auf, diese Substanz zu produzieren, und wir fühlen uns wie Heroinabhängige auf Entzug. Instinktiv suchen wir uns Lebensmittel, die Phenylethylamin enthalten – zum Beispiel Schokolade.

Das tut mir leid, sagte ich abwesend.

Was? Sie zog die Augenbrauen hoch, ihre Augen wurden rund wie Murmeln, jetzt sah sie aus wie zwölf, was tut Ihnen leid?

Oh, so wie Sie das gesagt haben, haben Sie anscheinend gerade eine unglückliche Liebesgeschichte hinter sich...

O nein, lachte sie, da haben Sie mich völlig falsch verstanden.

Ach so, sagte ich und spielte mit dem zusammengeknüllten Blatt Papier.

Ich könnte jetzt gehen, und nichts wäre geschehen. Es ist ja noch gar nichts gewesen.

Ich lasse die unglückliche Liebesgeschichte aus und esse gleich die Schokolade, sagte sie. Dabei ist es ein Wunder, daß ich Schokolade überhaupt noch sehen kann.

Sie ließ den Satz in der Luft hängen, erwartete, daß ich nachfragte, eine Unterhaltung mit ihr begann. Aber da erspähte ich hinten an der Tür einen wirren Rotschopf, mein Herz sprang mir fast auf die Zunge, aber er war es nicht, noch nicht, noch fast vierzig Minuten, mein Magen führte sich auf, als tanze er einen Paso doble.

Sie winkte der Bedienung. Eine zweite Tasse Schokolade, sagte sie, Sie machen sie recht gut, das muß ich sagen.

Die Bedienung verzog die Mundwinkel zu einem genervten Lächeln.

Die Frau wandte sich wieder an mich. Mein Professor, seinen Namen kann ich Ihnen leider nicht sagen, er hat es nicht gern, wenn man seine Forschungsberichte ausplaudert, er hat mich pfundweise Schokolade essen lassen und dann meine Phenylethylaminwerte gemessen. Pfundweise, sage ich Ihnen, wirklich pfundweise. Anfangs mochte ich nur Vollmilch-Nuß, am Ende nur Zartbitter, auch nur noch eine bestimmte Marke... Ich aß den ganzen Tagen Schokolade und wurde auch noch dafür bezahlt... Sie können sich vorstellen, was da im Institut los war... die anderen sind fast gestorben vor Neid und Eifersucht...

Sie zog ihren burgunderroten Rollkragenpullover über ihren nicht vorhandenen Brüsten glatt und steckte ihn ordenlich im Rücken in ihrem Rock fest.

Mein Professor hat mich heute in die Stadt geschickt... er meint, ich sei psychosomatisch erkrankt. Aber ich bin doch nicht verrückt, ich weiß doch, was ich habe. Ich bin nur ein wenig nervös...

Sie verstummte, rührte in ihrem Kakao, wir sahen beide aus dem Fenster.

Dicker Schnee lag wie eine Daunendecke auf dem Hausdach gegenüber, da oben war er noch weiß,

30

unten auf der Straße schon längst schwarzer Matsch,
die wenigen unberührten Stellen auf den Grünstrei-
fen der Fußgängerwege giftiggelb bepinkelt von vor
Kälte zitternden Hunden.

Ich hasse die Stadt, sagte die Frau, hier wäre ich
noch viel nervöser als auf dem Land.

Die zweite Tasse Schokolade kam. Die Frau machte
eine Handbewegung zu mir, das Mädchen mit den
rotblonden Haaren stellte sie daraufhin vor mir ab.

Für Sie, sagte die Frau lächelnd.

Ich wehrte ab, bedankte mich erst, behauptete
dann, ich möge gar keine Schokolade, in Wirklichkeit

31

war ich seit Tagen auf strenger Diät, weil ich die bizarre Hoffnung hatte, auf wundersame Weise könne doch noch ein straffer, jugendlicher Körper aus meinem schlaff gewordenen Fleisch schlüpfen, wie bei einer Schlange nach der Häutung.

Trinken Sie, befahl sie streng, Phenylethylamin macht glücklich.

Sie werden sehen, in etwa fünf bis sieben Minuten erreicht die Botschaft Ihr Gehirn.

Gehorsam trank ich. Mit dem ersten Schluck schon überfluteten mich Erinnerungen an meine Kindheit, vor Kälte prickelnde Hände und Füße nach einem Nachmittag auf dem Eis, Erschöpfung, warme Rosinenbrötchen aus dem Backofen, die zitternde Haut auf dem heißen Kakao.

Sie sah mich aufmerksam an. Wirke ich auf Sie nervös? fragte sie mich.

Ich schüttelte den Kopf.

Wenn ich ins Büro komme, verstummen alle und starren mich blöde an. Und dann wispern sie, aber so, daß ich es genau mitbekomme. Eine schicken sie dann vor, die erkundigt sich dann übertrieben freundlich nach meinem Befinden, so als hätte ich eine schwere Krankheit, das ist ein abgekartetes Spiel, um mich fertigzumachen. Der Professor glaubt es mir nicht, er meint, ich habe schwache Nerven. Ich weiß, daß es abgekartet ist, ich weiß es genau, wir haben es früher in der Schule mit den Neuen gespielt. Ich bin schon einundzwanzig Jahre im Institut. Einundzwanzig Jahre. Es fühlt sich seltsam an, diese Zahl auszusprechen, als hätte ich sie erfunden... Wie schmeckt Ihnen die Schokolade?

Gut, sagte ich, gut.

Serotin und Theobromin sind ebenfalls in Schokolade enthalten, Theobromin ist griechisch und bedeutet Götterspeise...

Was Sie nicht alles wissen, sagte ich ironisch. Sie begann, mir auf die Nerven zu gehen. Ich erwog, mich wegzusetzen, überlegte nur noch, wie ich es anstellen sollte, ohne sie allzusehr zu brüskieren.

Oh, erwiderte sie und pustete sich die dünnen Haare aus dem Gesicht, ich habe schließlich alle Bücher des Professors getippt, alle. Auch das letzte, *Das Reich der Sinne*, obwohl ich da schon meine Sehnenscheidenentzündung hatte, es war eine Qual. – Wegen des Serotins verschlingen prämenstruale Frauen besonders viel Schokolade...

Ja, sagte ich ehrlich erstaunt, das stimmt, nur dann esse ich überhaupt Schokolade, den Rest der Zeit rühre ich sie nicht an.

Sehen Sie, sagte sie und lächelte glücklich, die armen Aztekinnen.

Ich verstand nicht, was sie meinte.

Sie durften keine Schokolade essen, das habe ich Ihnen doch erzählt, sagte sie streng.

Wir schwiegen.

Darf ich Sie etwas Privates fragen? Sie nahm die Farbe ihres Pullovers an, auf ihrem Hals erschienen dunkle Flecke wie Knutschflecke.

Ich nickte.

Haben Sie noch... flüsterte sie... ich meine... sind Sie noch... Sie holte tief Luft. Sind Sie schon in den Wechseljahren?

Wie bitte? sagte ich ehrlich erstaunt und zugleich tief empört. Sie starrte mich an wie ein verschrecktes Kaninchen. Heftig schüttelte ich den Kopf.

Entschuldigung, hauchte sie, ich eigentlich auch nicht, aber da ich so nervös bin, dachte ich, es hat vielleicht damit zu tun.

Sie wirkte jetzt so verunsichert, daß sie mir fast leid tat.

Sind Sie verheiratet? fragte ich, nur um irgend etwas zu sagen, obwohl ich genau wußte, wie die Antwort ausfallen würde.

Sie schüttelte den Kopf. Sie?

Nein, log ich in einem überraschenden Anflug von Mitleid.

Also, mir fehlt kein Mann in meinem Leben, sagte sie entschlossen, auch wenn das der Professor meint. Sie kicherte. Manchmal gehe ich in die gemischte

Sauna, nur so, um die Vielfalt der Natur zu bestaunen. Aber mein Gott, wie abgrundtief häßlich ist doch der nackte Mann! Da werden Sie mir recht geben müssen...

Nein, das konnte ich ihr nun ganz und gar nicht, ich brauchte mir dazu nur meinen jugendlichen Liebhaber vorzustellen, obwohl ich ihn nackt noch gar nicht gesehen hatte, ich schielte auf die Uhr, noch achtundzwanzig Minuten.

Wenn man ehrlich ist, sagte sie, wenn man ganz ehrlich ist, sieht das männliche Geschlecht doch eher aus wie etwas, was nach innen gehört und nur aus Versehen außen gelandet ist. Wie ein Stück Darm oder so was... ach, reden wir von etwas Hübscherem, unterbrach sie sich selbst. Erinnern Sie sich eigentlich noch an Katzenzungen?

Ich hatte bisher nicht das Gefühl gehabt, sie sei verrückt, nur etwas überspannt vielleicht, aber jetzt dachte ich, die Frau ist ja vollkommen irre, und hatte das dringende Bedürfnis, sofort aufzustehen und zu gehen. Als könne sie Gedanken lesen, legte sie ihre Heuschreckenhand auf meinen Arm.

Jetzt raten Sie mal, was ich in meiner Handtasche habe, sagte sie und hievte eine altmodische Tasche auf den Tisch. Die Schachtel, die sie herauszog, erkannte ich sofort wieder, sie war noch die gleiche wie in meiner Kindheit, mit einem schwarz-weißen Kätzchen auf gelbem Untergrund.

Sie öffnete sie umständlich und bot mir eine Katzenzunge an.

Ich zierte mich.

Nehmen Sie nur, nehmen Sie nur, drängte sie mich, ich habe ja sonst niemanden, der mit mir sündigt.

Der Professor? warf ich bösartig ein.

Sie schüttelte entrüstet den Kopf. Niemals, sagte sie, er haßt Schokolade.

Als ich klein war, fiel mir jetzt ein, brachte mir meine Großmutter manchmal einen Schokoladenapfel mit, das war etwas ganz Besonderes...

O ja, rief sie aufgeregt, o ja, ein Tellapfel!

Ja, sagte ich, so hieß er. Er kam in einer viereckigen Schachtel...

Weiß, sagte sie, mit einer Abbildung des Apfels. Er war verpackt...

In goldrotes Staniolpapier...

Genau, rief sie, genau!

Und der schönste Moment war, wenn man ihn auspackte und die einzelnen Schokoladenspalten auseinanderfielen...

Oh, schwärmte sie, perfekt!

Ja, sagte ich lächelnd, er war so perfekt.

So perfekt, wiederholte sie, so unglaublich perfekt.

Wir sahen uns lächelnd an und schwiegen. Ihr leicht irrer Zug war verschwunden, ihr Gesicht sah weich und fast hübsch aus in dem fahlen Winterlicht.

Das scheint so lange her, nicht?

Nein, sagte ich, viel schlimmer, es fühlt sich an wie gestern.

Wir sind schon ganz schön alte Schachteln, lachte sie.

Ja, du, dachte ich, ich nicht.

Sie atmete tief ein. Erlauben Sie mir, Sie zum Essen einzuladen, sagte sie und wurde dabei ein wenig rot.

Ich kann nicht, sagte ich, so leid es mir tut; ich verschwieg, daß ich einen Mann erwartete, ich hatte das Gefühl, es würde sie verletzen.

O bitte, bitte, bitte! Sie schlug die Hände zusammen wie ein kleines Kind.

Ich habe erst in zwei Stunden diesen furchtbaren Arzttermin, fügte sie hinzu, als hätte ich sie gefragt, ob sie Zeit habe.

Ich kann wirklich nicht, murmelte ich, aber da winkte sie schon aufgeregt die Kellnerin herbei und fragte nach der Speisekarte. Ich steckte die von mir beschriebene und zusammengeknüllte Tageskarte unauffällig in meine Tasche, um sie gleich darauf erschrocken wieder herauszukramen – mein Schuldeingeständnis!

Sie scheinen mir etwas nervös, sagte sie, kein Wunder, wenn Sie in der Stadt leben. Ich könnte nie in der Stadt leben, nie.

Sie beugte sich über die Speisekarte und las laut und deutlich jedes Gericht vor, als sei ich Analphabetin und noch dazu ein wenig schwerhörig. Mozzarella mit Tomaten und Basilikum, Vollkornpfannkuchen mit Spinat, Tagliatelle mit Trüffeln... Trüffeln, sagte sie und sah verträumt auf, Trüffeln haben zweimal so viel Androstenol wie ein ausgewachsener Eber. Androstenol ist dem menschlichen männlichen Geschlechtshormon stark verwandt, es besteht Grund zu der Annahme, daß wir deshalb Trüffeln so sehr schätzen.

Aha, sagte ich.

Ja, fuhr sie ernsthaft fort, ohne meinen amüsierten Blick im geringsten zu beachten, Experimente haben bewiesen, daß, wenn ein wenig Androstenol im Raum versprüht ist, Frauen die anwesenden Männer als sehr viel attraktiver beschreiben als zuvor.

Ein Experiment Ihres Professors?

Sie nickte und wirkte mit einem Mal deprimiert. Ihre Augen verschatteten sich, sie senkte den Kopf. Ich habe nicht daran teilgenommen, er hielt mich für ungeeignet... sie lachte kurz auf. Stimmt ja auch, sagte sie, ich kann es ja sagen, wie es ist: Ich habe mit Männern nichts am Hut.

Aber Ihren Professor mögen Sie schon sehr, nicht? fragte ich mit seltsam sadistischer Lust.

Sie schwieg einen Moment, dann richtete sie sich auf, pustete sich die Haare aus der Stirn, sah mich kühl an und sagte: Darüber möchte ich nicht sprechen.

Oh, Verzeihung, ich wollte nicht indiskret sein.

Schon gut, sagte sie und beugte sich wieder über die Speisekarte. Forelle Müllerinnenart, las sie vor, Kaninchen in Rotweinsauce. Wieder hielt sie inne. Wonach unterscheidet sich Ihrer Meinung nach der Jäger von der Beute? fragte sie mich in ihrem Lehrerinnenton.

Der eine hat ein Gewehr, der andere nicht.

Doch nicht im Tierreich, sagte sie tadelnd. Versuchen Sie es noch einmal.

Der Jäger hat das größere Maul.

Falsch. Sie sah mich triumphierend an. Der Jäger hat die Augen, immer vorne auf der Stirn, die Beute seitlich am Kopf. Warum? Weil der Jäger nach vorn und in die Ferne sieht, um seine Beute zu erspähen, die Beute aber eine andere Sichtweise braucht, um erkennen zu können, wer ihr von hinten auflauert. Wir sind alle Jäger, sagte sie seufzend und sah dabei eher aus wie ein scheues Reh, der eine ist des anderen Konkurrent.

Wer sich weigert zu jagen, weil er es für einen niederen Instinkt hält, wird verdrängt... so ist das nun einmal.

Sie verstummte. Ihre Augen wurden wäßrig. Sie lächelte tapfer, dann zerrte sie abermals ihre Handtasche auf den Tisch, ich war schon auf die nächste Schachtel Katzenzungen gefaßt, aber sie holte eine Plastiktüte mit der Aufschrift einer Parfümerie hervor und begann, zwei neue Lippenstifte, eine Flasche Make-up, eine Puderdose und einen kleinen Parfümflakon auszupacken.

Wenn ich deprimiert bin, kaufe ich Make-up, sagte sie, das funktioniert tausendmal besser als alle Ärzte. Ich bin doch nicht verrückt. Nur ein bißchen nervös, das ist alles.

Bestimmt, sagte ich. Sie tat mir plötzlich so leid, daß ich sie am liebsten in den Arm genommen hätte.

So alt sind wir nun auch wieder nicht, sagte sie und schraubte einen feuerroten Lippenstift auf, einundvierzig, das ist doch eigentlich kein Alter, oder?

Ich erschrak bis ins Mark. Sie war ein Jahr jünger als ich!

Langsam und vorsichtig trug sie den Lippenstift auf. Er gab ihr etwas Absurdes und leicht Verzweifeltes.

Die Bedienung trat an unseren Tisch. In ihrem Blick konnte ich mit erschreckender Deutlichkeit lesen, was wir für sie waren, zwei alte Schachteln, denen kein Lippenstift der Welt mehr etwas nützt.

Und? Was hätten Sie gern? fragte sie herablassend.

Trüffeln, sagte meine Kumpanin, denn als solche betrachtete sie sich sicher inzwischen, für mich ganz viel Trüffeln.

Also die Tagliatelle mit Trüffeln, wiederholte die Bedienung gelangweilt.

Ich war schon drauf und dran, eingedenk meiner Diät Tomaten mit Mozzarella zu bestellen, als mein Gegenüber stolz verkündete: Heute hauen wir auf die Pauke!

Ich sah den mitleidigen Blick der Bedienung.

Für mich das gleiche, sagte ich laut, Tagliatelle mit Trüffeln! Und zwei Gläser Sekt.

Die Bedienung nickte knapp, drehte auf dem Absatz um und verschwand Richtung Küche. Stumm sahen wir ihrem prallen Po und ihren makellosen Beinen hinterher.

Mir haben die Trüffelschweine immer leid getan, sagte sie dann, das sind ja immer Säue, die nur deshalb die Trüffeln suchen, weil sie wegen des Androstenols glauben, daß es ein Eber ist. Sie wühlen und graben in der festen Überzeugung, daß gleich ein wunderschöner, kräftiger Eber aus der Erde auftauchen müßte, um dann nur einen alten, unansehnlichen Pilz zu finden. Immer wieder und wieder... Sie müssen schier verrückt werden vor Sehnsucht und Enttäuschung...

Sie lächelte mit ihren feuerroten Lippen. Erst jetzt, durch die Bemalung vielleicht, fielen mir die kleinen senkrechten Fältchen am Lippenrand auf. Die Farbe begann bereits auszufransen, zu zerlaufen, wurde zu einem häßlichen roten Fleck in ihrem blassen Gesicht.

Traurig, nicht? sagte sie.

Ich nickte.

In der Tür erschien ein energischer, junger Mann mit leuchtenden Augen und strahlendem Lächeln. Ich erkannte ihn nur mit leichter Verzögerung.

Er steuerte auf unseren Tisch zu, beugte sich zu mir herab und küßte mich mitten auf den Mund. Die andere Frau an meinem Tisch nahm er überhaupt nicht wahr.

Grinsend zog er einen Schlüssel aus der Tasche, einen Hotelschlüssel mit einem riesigen, goldenen Anhänger, Zimmer siebzehn.

Ich kann nicht, flüsterte ich, ich glaube, ich kann nicht.

Warum? fragte er.

MARGARET ATWOOD

Frauenromane

Für Lenore

1. Männerromane handeln von Männern. Frauenromane handeln ebenfalls von Männern, aber unter einem anderen Gesichtspunkt. Es gibt Männerromane, in denen keine Frau vorkommt, ausgenommen vielleicht die Zimmerwirtin oder die Stute, aber es gibt keinen Frauenroman, in dem keine Männer vorkommen. Manchmal bringen Männer in ihren Romanen Frauen unter, übergehen aber gewisse Körperteile, die Köpfe, zum Beispiel, oder die Hände. Auch Frauen übergehen in ihren Romanen Teile der Männer. Manchmal ist es der Abschnitt zwischen Bauchnabel und Knien, manchmal ist es der Sinn für Humor. Es ist nicht leicht, bei stürmischem Wind in einem weiten Umhang auf dem Moor Sinn für Humor zu entwickeln.

Frauen schreiben gewöhnlich keine Romane, wie sie von Männern bevorzugt werden, aber Männer schreiben bekanntlich Romane, wie sie von Frauen bevorzugt werden. Es gibt Leute, die das seltsam finden.

2. Ich lese gern Romane, in denen die Heldin ein Gewand hat, das diskret über ihren Brüsten knistert, oder diskrete Brüste, die unter ihrem Gewand knistern. Auf jeden Fall müssen ein Gewand, ein Paar

Brüste, ein Knistern und vor allem Diskretion vorkommen. Diskretion vor allem — wie Nebel, wie giftige Dünste, durch die die Umrisse der Dinge nur schwach zu erkennen sind. Ein blaßrotes Schimmern im Finstern, schweres Atmen, Seide, die zu Boden gleitet — und was enthüllt? Ganz unwichtig, sage ich. Ganz, ganz unwichtig.

3.   Männer mögen Helden, die stark und hart sind: stark im Umgang mit Männern, hart im Umgang mit Frauen. Manchmal geht der Held sanft mit einer Frau um, aber das erweist sich immer als ein Fehler. Frauen mögen keine Heldinnen, die stark und hart sind. Statt dessen müssen sie stark und sanft sein. Das führt zu sprachlichen Schwierigkeiten. Als wir letztes Mal nachschlugen, waren viele einsilbige Wörter Männerwörter und noch dominierend, verloren jedoch rapide, umwoben von den Fangarmen labialer vielsilbiger Wörter, die ihnen mit dem Charme von Spinnen *Liebling, Liebling* zuflüsterten.

4.   Männerromane handeln davon, wie man Macht erobert. Töten und so weiter, oder Siegen und so weiter. Auch Frauenromane handeln davon, doch die Methode ist anders. In Männerromanen geht die Eroberung der Frau oder der Frauen einher mit der Eroberung der Macht. Sie ist eine Zugabe, kein Wert für sich. In Frauenromanen eroberst du die Macht, indem du den Mann eroberst. Der Mann ist die Macht. Aber Sex allein genügt nicht, er muß dich lie-

ben. Was meinst du denn, worauf das abzielt, auf den Knien zu liegen da unten zwischen den Krinolinen auf dem persischen Teppich? Sag es doch wenigstens. Wenn alles andere fehlt, kann das Aussprechen genügen. *Liebe.* Das wär's, jetzt kannst du wieder aufstehen, es hat dich nicht umgebracht. Oder doch?

5. Ich will nichts Trauriges mehr lesen. Nichts Brutales, nichts Beunruhigendes, nichts dergleichen. Keine Beerdigungen am Ende, in der Mitte meinetwegen. Wenn Tote vorkommen müssen, soll es auch Auferstehungen geben, oder wenigstens einen Himmel, damit wir wissen, wo wir uns befinden. Depressionen und Elend sind etwas für Leute unter fünfundzwanzig, sie können sie verkraften, sie finden sogar Gefallen daran, sie haben noch genug Zeit vor sich. Aber das wahre Leben bekommt dir nicht, hältst du es zu lange in den Händen, dann bekommst du Pickel und wirst schwachsinnig. Du wirst blind.

Ich will Glück, garantiertes Glück, rundum Freude, auf den Buchumschlägen Krankenschwestern oder Bräute, intelligente Mädchen, aber nicht zu intelligent, mit ebenmäßigen Zähnen und Schneid und gleich großen Brüsten und nicht zuviel Gesichtsbehaarung, eine, auf die man sich verlassen kann und die weiß, wo sie die Bandagen findet, und die den Helden, diesen potentiellen Wüstling und Mörder, in einen gepflegten Landedelmann mit sauberen Fingernägeln und einem entsprechenden Wortschatz verwandelt. *Für immer,* muß er sagen. *Auf ewig.* Ich will keine Bücher mehr lesen, die nicht mit den Worten *auf ewig* enden. Ich möchte zwischen den Augen gestreichelt werden, in einer Richtung nur.

6. Manche Leute glauben, ein Frauenroman sei etwas, in dem Politik nicht vorkommt. Manche glauben, er sei etwas, in dem es um Beziehungen geht. Manche glauben, er sei etwas, in dem unzählige Operationen vorkommen – medizinischer Art natürlich. Manche glauben, er sei etwas, das kein umfassendes Panorama unserer so aufregenden Zeit vermittelt. Ich, nun ja, ich möchte nur etwas, das man auf dem Wohnzimmertisch liegenlassen kann, ohne sich zu sehr zu sorgen, falls die Kinder hineinsehen. Du glaubst, das sei kein stichhaltiges Argument? Du irrst dich.

7. *Sie hatte die erschreckten Augen eines wilden Vogels.* Das ist einer von den Sätzen, nach denen ich verrückt bin. Ich wünschte, ich könnte solche Sätze schreiben, ohne in Verlegenheit zu geraten. Ich wünschte, ich könnte sie lesen, ohne in Verlegenheit zu geraten. Könnte ich doch nur diese beiden einfachen Dinge tun – ich glaube, ich wäre imstande, die mir bewilligte Zeit auf der Erde wie eine in Samt gehüllte Perle zu verbringen.

Sie hatte die erschreckten Augen eines wilden Vogels. Ja, aber welchen Vogels? Einer Schleiereule etwa, oder eines Kuckucks? Es ist ein großer Unterschied. Wir brauchen nicht noch mehr Wortklauber, die die

Phantasie wörtlich nehmen, die *ein Körper einer Gazelle* nicht lesen können, ohne an Darmparasiten, Zoos und Gestank zu denken.

Sie hatte einen gierigen Blick wie ein ungezähmtes Tier, lese ich. Zögernd lege ich das Buch nieder, den Daumen noch immer zwischen den Seiten auf der aufregenden Stelle. Er will sie gerade in seine Arme reißen, seinen heißen, gierigen, harten, fordernden Mund auf den ihren pressen, während ihre Brüste oben aus ihrem Kleid hervorquellen, aber ich kann mich nicht konzentrieren. Die Metapher führt mich an der Nase herum, sie verwirrt mich, und plötzlich liegt der ganze Garten Eden vor mir, Stachelschweine, Wiesel, Warzenschweine und Stinktiere, deren gierige Blicke boshaft oder sanft oder teilnahmslos oder schweinchenhaft oder listig sind. Eine Qual, die Erfahrung machen zu müssen, wie der fast greifbare romantische Schauder davonbebt, ein Schmetterling mit dunklen Flügeln, der an einem überreifen Pfirsich klebt und nicht schlucken und nicht schwelgen kann. *Welches Tier?* murmele ich in die Luft, die nicht antwortet. *Welches Tier?*

Alternde Frauen sind wie Kathedralen: Je älter man wird, desto weniger fällt das einzelne Jahr ins Gewicht.

Agatha Christie

Elfriede Hammerl

Cellulitis

Er *(blickt von der Zeitung hoch):* Hast du eigentlich Cellulitis?

Sie: Nein.

Er: Hier steht, Frauen mit knabenhafter Figur neigen zu Cellulitis.

Sie: Ah ja?

Er: Mußt dich also nicht kränken.

Sie: Ich kränk mich eh nicht.

Er: Hätt ja sein können.

Sie: Wieso?

Er: Na, die Frauen kränken sich doch immer, wenn sie Cellulitis haben.

Sie: Ich habe aber keine Cellulitis.

Er: Sei nicht gleich so empört. Ist ja nichts Schlimmes. Nobody is perfect.

Sie: Ich hab nie behauptet, daß ich perfekt bin.

Er: Eben.

Sie: Aber ich hab keine Cellulitis!

Er *(beschwichtigend):* Sch-sch-sch! Kein Grund zur Aufregung. Tut mir leid, wenn ich deinen wunden Punkt –

Sie: Welchen wunden Punkt?

Er: Na, das ist doch anscheinend eine fixe Idee von dir.

Sie: Was?

Er: Die Cellulitis.

SIE: Herrgott, träum ich?

ER *(mild):* Siehst du, sofort verlierst du die Beherrschung. Man sagt Cellulitis, und du verlierst die Beherrschung.

SIE: Warum sagst du denn dauernd Cellulitis?

ER: Entschuldige. Ich hab ja nicht gewußt, daß das ein Reizwort ist.

SIE *(schnaubt).*

ER *(nachsichtig):* Komm, beruhig dich. In deinem Alter ist sie ganz normal.

SIE: Was? Die Cellulitis?

ER *(lachend, defensiv):* Von mir kriegst du das Wort nie mehr zu hören.

SIE: Wieso? Sprich es ruhig aus.

ER: Um Gottes willen. Ich möchte dich doch nicht ärgern.

SIE: Ach nein?

ER *(lacht):* Sei nicht so komplexbeladen.

SIE: Inwiefern?

ER: Deine Unsicherheit. Du fühlst dich zu leicht angegriffen.

SIE: Also, hör einmal, du willst mir einreden, ich hätte Cellulitis —

ER: Ja, und? Wenn du souverän wärst, würdest du dich einfach dazu bekennen, und Schluß.

SIE *(mit erhobener Stimme):* Ich hab aber —

ER *(begütigend):* Ps-ps-ps! Ist ja gut. Weißt du, im Grunde ist es bezeichnend, daß wir so lang über etwas so Nebensächliches diskutieren wie deine Cellulitis.

Sie: Meine – ???

Er: Bitte! Nicht noch einmal von vorn.

Sie: Aber ich –

Er *(einlenkend):* Du mußt dich einfach damit abfinden, daß du nicht jünger wirst. Jeder wird älter. Damit muß man leben.

Sie: Tu ich doch.

Er: Weißt du, irgendwann muß man aufhören, auf Äußerlichkeiten zu setzen. Wer ein Hirn hat, braucht nicht zu schluchzen, wenn er Cellulitis kriegt.

Sie: Ich hab ein Hirn.

Er: Eben. Das sollte dir ein Trost sein.

Sie: Trost? Wofür?

Er: Ach, weißt du... Ich glaub, es hat keinen Sinn.

Sie: Was?

Er: Du hast die ewige Schönheit gepachtet, okay. Wenn es dich glücklich macht, glaub daran.

Sie: Ich glaub gar nicht, daß ich die ewige Schönheit gepachtet hab.

Er: Dann ist es ja gut.

Sie: Aber deswegen bin ich doch nicht total verschrumpelt.

Er: Um so besser. Wie du meinst.

Sie: Das meine ich nicht bloß. Das ist so.

Er: Ja, ja. Du wirst schon recht haben.

Sie: Was willst du damit sagen? Ich bin *doch* verschrumpelt?

Er: Ich werde mich hüten, etwas zu sagen. Was du um dich brauchst, ist offenbar ein süßholzraspelnder Idiot, der dir das Blaue vom Himmel herunterlügt. Tut mir leid, so ein Typ bin ich nicht.

SIE: Jetzt kenn ich mich nicht mehr aus.

ER: Das habe ich befürchtet. Logik war noch nie deine Stärke.

SIE: Aber deine.

ER: Schätzchen, komm, sei friedlich. Ich kann nichts dafür.

SIE: Wofür?

ER: Für deine Unterlegenheitsgefühle. Deine Cellulitis. Dein Alter.

SIE: Ich bin jünger als du.

ER: Ja, nur ist mir mein Alter kein Problem.

SIE: Wer kauft sich denn Haarwuchsmittel? Wer hängt in Discos rum? Wer zieht sich denn an wie ein Popper?

ER: Popper ist out.

SIE: Wer weiß denn, was in ist und was out?

ER *(würdevoll):* Ich interessiere mich eben für meine Umwelt. Mein Geist ist jung und wach. Und was meinen Körper anbelangt... Eigentlich kann sich der auch noch sehen lassen.

SIE: Ich habe nichts gegen deinen Körper gesagt. Du hackst auf meinem herum.

ER: Herzchen, ich hab dir nur geraten, den Tatsachen ins Auge zu blicken.

SIE: Welchen Tatsachen? Daß sich *mein* Körper *nicht* sehen lassen kann?

ER: Was ich sag – Unterlegenheitsgefühle. *(Lacht)*

51

Ich geb ja zu, es ist schwer, keine zu entwickeln neben mir.

SIE: Das hättest du gern, daß ich welche entwickle.

ER: Typisch. Du unterstellst mir deine Perfidie.

SIE: Falsch. Du unterstellst mir Cellulitis.

ER: Das war doch bloß ein Arbeitstitel.

SIE: Wofür?

ER: Für deine Weigerung, erwachsen zu werden.

SIE: Hä?

ER: Du negierst alles, was nicht in dein Selbstbild vom flotten, ewig jungen Mädel paßt.

SIE: Flott darfst nur du sein, oder wie?

ER: Bist du neidisch auf mich?

SIE: Warum sollte ich?

ER: Vielleicht, weil ich keine Cellulitis hab?

SIE: Ich glaube, jetzt greif ich bald zum Küchenmesser.

ER *(lacht):* Ihr Frauen seid so irrational.

Pause

ER: Weißt du... Ich fänd's einfach schade, wenn du dich lächerlich machst.

SIE: Wodurch?

ER: Das Leben geht an niemandem spurlos vorüber. Auch an dir nicht.

SIE: Das wär ja noch schöner, wenn's nur vorüberginge.

ER: Ja und nein. Ich muß dir sagen, mich widern diese gierigen alten Weiber an, die nichts auslassen können.

SIE: Ich fühl mich nicht betroffen.

ER: Brems dich lieber beizeiten ein.

Pause.

SIE *(erleuchtet):* Ha! Du bist sauer, weil mich der Michel angerufen hat?

ER: Welcher Michel?

SIE: Wir haben ihn bei der Cornelia kennengelernt. Stell dich nicht so.

ER: Das blonde Kind?

SIE: Wieso Kind?

ER: Na, hör einmal, der könnte dein Sohn sein.

SIE: Deiner vielleicht. Meiner nicht.

ER: Ein Sohn von mir wäre nicht neurotisch.

SIE: Du meinst, er ist neurotisch?

ER: Knaben, die sich bei älteren Frauen ausweinen, sind neurotisch.

SIE: Er weint gar nicht.

ER: Klar, du denkst, er schwärmt dich an. Selbstbetrug.

SIE: Hast du nicht immer behauptet, du wärst nicht eifersüchtig?

ER: Was hat das damit zu tun?

SIE: Hat es nichts damit zu tun?

ER: Ich wüßte nicht, was.

Pause.

SIE *(versöhnlich):* Gönn mir doch eine kleine Eroberung.

ER: Ich gönne dir alles. An mir soll es nicht liegen –

SIE: Aber?

ER: Zaubern kann ich nicht. Ich kann dich nicht jünger machen, ich kann dich nicht schöner machen, ich kann deine Cellulitis nicht weghexen –

SIE *(schreit)*

ER: Nicht durchdrehen. Ich bleib ja bei dir. Trotz... Ich bin nicht so, ich nicht, sei froh.

KETO VON WABERER

Das »scheue Wild«

Seit die Männerlosigkeit bei uns selbständigen und »gestandenen« Frauen um sich greift (die Kinder sind endlich auf den Weg geschickt, die Karriere floriert), taucht dieses Thema immer wieder in unseren Gesprächen auf und wird, wenn auch schmunzelnd, hin und her gewendet, ohne daß man sich so recht einig ist, woran es liegt. Dazu muß gesagt werden, daß die gängige These, es gäbe einfach keine guten Männer in unserem Alter, sie wären entweder verheiratet oder kaputt, von uns allen abgelehnt wird als zu simpel negativ. Außerdem schmeckt sie nach Resignation. Da gibt es natürlich die Gruppe, die auf Selbständigkeit pocht und diese genießt, samt dem dazugehörigen Alleinleben. Leider bleibt dabei die Sexualität auf der Strecke, denn der muntere »Quicky«, wie ihn einst Erica Jong propagierte, ist seit Aids nicht mehr so verlockend wie zuvor. Die, die zugeben, gerne wieder eine feste Bindung einzugehen, halten diverse Erklärungen für ihren Einzelstatus parat. Die einen sagen, es läge daran, daß man sich endlich mühsam ein paar »männliche« Fähigkeiten angeeignet habe, um seine Frau zu stehen, Selbstsicherheit, Mut, Logik, Realismus, dazu die Befriedigung, gut im Beruf zu sein und die Abhängigkeiten von früher über Bord geworfen zu haben. Eben diese Eigenschaften jedoch, so behaupten sie, hielten die Männer auf Abstand. Sie wollten keine Frau, die abends todmüde, aber glücklich aus dem Büro heimkehre, die sich teure Klamotten selber kaufe und bei Diskussionen immer die Schnauze vorne habe. Mag sein. Einige behaupten, es läge an der hohen Meßlatte für Männer, welche die Frauen mit zunehmendem Alter und dem damit verbundenen Selbstgefühl immer bewußter anlegten: Man nähme sozusagen immer seltener den ersten besten zur Brust, und damit käme man um die ganze Erfahrung herum, von vorne herein. Wieder andere glauben, es läge an der Angst der Frauen, sich fest zu binden und dann vielleicht wieder in das Muster früherer und schwächerer Partnerschaftskonzepte zurückzurutschen. Dann gibt es jene, die rundheraus behaupten, die heutigen Männer fürchteten sich vor starken und selbstbewußten Frauen, da diese auch von ihnen eine gewisse Emanzipation forderten und deshalb nicht mit der alten Masche zufriedenzustellen seien. »Wir sind eine Herausforderung«, sagen jene. »Wir haben uns entwickelt und gezeigt, daß dies möglich ist.« Scheuen Männer diesen Prozeß noch heute? Ich weiß es nicht. Mir scheint, auch sie mühen sich in den Grenzen ihrer Möglichkeiten, wenigstens einige.

Es herrscht auch keine Übereinstimmung darüber, wie ein Mann zu suchen sei. Soll man überhaupt suchen? Ich bin dagegen. Ich bilde mir ein, er kommt, wenn er kommt. Das trägt mir von gewissen Damen die Rüge des Fatalismus ein, man prophezeit mir schlimme Folgen. Diverse Frauenzeitungen halten immer wieder Tips parat. Wo man es aufspüren

konnte, das scheue Wild Mann. Ich sehe keine allzu
großen Erfolge bei unserem Außenflügel, der sich der
Jagd verschrieben hat.

Ilse hat neulich eine neue Liebe im Stoffgeschäft
kennengelernt. Das spricht für meine These. Er trat
ihr auf den Fuß, in der Crêpe-de-Chine-Abteilung.
Wer erwartet dort einen Mann? Ilse ist also saniert.
Wir anderen ziehen unsere Schlüsse. Es ist natürlich
möglich, die gewünschten Partner nach strategischen
Plänen aufzuspüren. Wie ist ein Mann, den man im
Feinkostladen vor den Schinken und Räucherwürsten
kennenlernt? Ist er ein Freßsack oder ein Gourmet?
Die Frage bleibt offen.

Nun lese ich unentwegt, daß die Männer auch so
einsam sind, wo sind die eigentlich? Ich sehe sie in

den Bars zusammenhocken, ich sehe sie im Fitneß-
club schwitzen, ich sehe sie auf Messen herum-
lungern, auf Vernissagen. In ihrem Auge steht Mißtrauen, nicht Sehnsucht.

Viele von uns Frauen sind einsam, wenn auch nur
gelegentlich und verstohlen. Leisten dürfen wir uns
das eigentlich gar nicht, wir haben gefälligst tapfer zu
sagen: »Wir können sehr gut ohne«, aber an manchen
Abenden – nun ja. Natürlich haben wir alle Ange-
bote – bitte sehr. Aber eben nicht die richtigen. Da
sind die Herren, die Halt suchen – wollen wir das?
Da sind die, die Unterhalt suchen – wollen wir das?
Dabei sind die, die Unterhaltung suchen, noch die
besten, aber auf lange Sicht? Da sind die Verhaltenen
(Sex spielt keine Rolle mehr für mich) und die Halt-
losen (Sie sind doch auch kein Kind von Traurigkeit,
liebe gnädige Frau!) und die Handhalter (Ich suche
einen Kumpel). Wir sind uns einig. Seit wir keinen
Mann mehr »brauchen«, so wie früher, nämlich in
Abhängigkeit, wünschen wir uns einen erwachsenen
und gleichwertigen Partner, der uns so akzeptieren
kann, wie wir sind, ohne uns kleiner oder größer
machen zu müssen, ohne in seiner Männlichkeit zu
leiden, wenn wir neben ihm »stehen«, nicht »liegen«
oder »sitzen«.

Fast all die Frauen, von denen ich hier spreche,
wünschen sich einen Kerl, der ihnen erlauben kann,
so zu sein, wie wir gottlob jetzt sind, und der bereit
ist, die Bemutterung und Bevaterung abwechselnd ins
Skript aufzunehmen. Einen, der uns nicht auf eine

von uns mühsam überwundene Rolle festzulegen trachtet, damit er sich, wie er glaubt, wohl fühlen kann.

Allein sind wir jedenfalls nicht, auf jedem Fest trifft man ganze Rudel der prächtigsten Singlefrauen, vielleicht liegt es daran, vielleicht verwirrt das Angebot die Nachfrager. Dennoch. »Keinen Mann um jeden Preis«, sagt Shere Hite. Wir stimmen ihr zu. Aber nicht für alle Zeiten, bitte!

Im »Spiegel« lese ich, die Männer rüsteten sich dazu, den wilden Mann mit Gemeinsinn und Verantwortungsgefühl auf den Markt zu werfen. Einen Kerl, der sich auf die tiefen Quellen männlicher Kraft berufen kann und deshalb seine kraftvolle Partnerin genießt und nicht verbraucht, fürchtet, niederzwingt oder nicht ernst nimmt.

Kann man das noch abwarten? Schön wäre das.

Es gibt im Leben einer Frau vielleicht Zeiten, in denen sie nicht verliebt ist. Aber dann sollte sie wenigstens eine Affäre haben, gegen die sie ankämpft.

Jeanne Moreau

60

LISA FITZ

Die gute Frau

Eine total emanzipierte Frau
hat neulich zu mir gesagt:
»Mit der urmütterlichen Sanftheit« hat sie gesagt,
»lockst du heut keinen Hund mehr hinter dem
    Ofen vor –
geschweige denn einen Mann!
Hart muß man zu den Männern sein –
je härter, desto besser spuren sie, das kennen sie
vom Militär!«

Dabei bin ich eine so gute Frau...
Ich schlage meinen Mann nicht,
er darf halbtags zum Arbeiten gehn,
ich bin sehr oft treu,
er kann sich selbst verwirklichen,
wenn er meint, daß ihm das was bringt...
zur Zeit macht er grad einen Töpferkurs auf der
    Volkshochschule...
und er hat einen Zugehmann,
der ihm das Grobe abnimmt!

Irmgard Keun

Porträt einer Frau
mit schlechten Eigenschaften

Zuweilen kann ich mich nicht leiden. Wie einem das schon mal bei Menschen geht, mit denen man ununterbrochen zusammen sein muß. Es fällt mir dann schwer, noch irgendein gutes Haar an mir zu finden. Meine schlechten Eigenschaften sind zahlreich und nicht umstritten. Ich bin nicht edel. Bücher schreib ich nicht, um die Menschen zu verbessern, sondern um Geld zu verdienen. Ob ich auch dann schreiben würde, wenn ich genug Geld gehabt hätte, kann ich nicht beurteilen, da ich noch nie genug Geld gehabt habe. Ich bin faul. Wenn ich einen ganzen Tag hindurch nichts tue, hab ich nicht eine einzige Sekunde Langeweile und nicht ein einziges Mal das Bedürfnis zu arbeiten. Ich habe keine Willenskraft. Bis zum heutigen Tag hab ich noch nicht einmal den Versuch gemacht, mir das Rauchen abzugewöhnen. Den Vorwurf, nicht mit Geld umgehen zu können, weise ich zurück. Man kann nicht mit etwas umgehen, das man nicht hat. Zu meiner unentwickelten Willenskraft gehört auch, daß ich mich durch fröhliche Bekannte jederzeit von der Arbeit abhalten lasse und mich selten aufraffen kann, unangenehme Briefe zu schreiben. Ich bin feige: U.a. habe ich eine panische Angst vor Sprengstoffen, Beamten mit Aktenmappen, die nur Uniformierten sind meistens weniger tückisch, wilden Pferden, Revolvern, auch ungeladenen, Spinnen, Nachtfaltern, Lokalpatrioten, Zimmervermieterinnen, Fanatikern mit und ohne Weltanschauung. Ganz große Angst hab ich vor Krieg und Atombomben. Ich unterhalte mich furchtbar gern mit Leuten, die aus sicherster Quelle wissen, daß ein Krieg unter gar keinen Umständen kommen kann und Atombomben niemals fallen werden. Trotz der moralischen Verpflichtung, die der Frauenüberschuß einem jeden oder jeder von uns auferlegt, hab ich, von wenigen Ausnahmen abgesehen, Männer lieber als Frauen. Meine Gründe dafür sind mannigfaltig. Ich selbst möchte kein Mann sein; der Gedanke, dann eine Frau heiraten zu müssen, schreckt mich. Manchmal versuch ich mich zu ändern. Aber wenn ich dann merke, daß ich mich mit meinen Besserungsversuchen zu sehr belästige und verstimme, geb ich sie auf.

Jede Frau kann so schön sein wie vor zehn Jahren, nur dauert es ein bißchen länger.

Olga Tschechowa

64

DJUNA BARNES

Aller et retour

Unter den Fahrgästen im Zug von Marseille nach
Nizza war eine Frau von großer Kraft. Sie war weit
über vierzig und ein bißchen oberlastig. Sie war eng-
geschnürt, so daß die Korsettstangen sich bei jedem
Atemzug bogen, und bei jedem Atemzug und jeder
Bewegung erklirrten auch die klobigen Glieder ihrer
vielen goldenen Ketten, während das Klicken derbge-
faßter, großer Steine ihre leichteren Gesten unter-
strich. Von Zeit zu Zeit hob sie eine langstielige
Lorgnette vor die häufig zwinkernden Augen und
spähte in die Landschaft hinaus, die hinter dem
Rauch des Zuges verschwamm.

In Toulon zog sie das Fenster herunter und lehnte
sich hinaus, um nach Bier zu rufen, und der Cul de
Paris ihres hüftengen Rockes ragte steil über den
hochgeschnürten hellbraunen Stiefeln auf, die wohl-
geformten Beine in rosawollenen Strümpfen um-
spannten. Sie lehnte sich zurück, trank ihr Bier mit
Genuß und fing derweil die Erschütterungen ihres
Körpers auf, indem sie die kleinen molligen Füße fest
gegen den Gummibelag des Bodens stemmte.

Sie war Russin, eine Witwe. Ihr Name war Erling
von Bartmann. Sie lebte in Paris. Bei der Abfahrt in
Marseille hatte sie ein Exemplar von *Madame Bovary*
erstanden, und das hielt sie nun mit leicht angehobe-
nen, abgewinkelten Ellenbogen in den Händen.

Mit Mühe las sie ein paar Sätze, dann legte sie das Buch auf den Schoß nieder und schaute auf die vorbeiziehenden Hügel hinaus.

Nach ihrer Ankunft in Marseille überquerte sie gemächlich die schmutzigen Straßen, den gebufften Rock bis weit über die Stiefel geschürzt, und wirkte dabei gleichzeitig umsichtig und geistesabwesend. Die dünne Haut ihrer Nase erbebte, als sie die üblen Gerüche der engeren Gassen einsog, doch war ihr weder Vergnügen noch Mißvergnügen anzumerken.

Sie lief die steilen, engen, abfallübersäten Straßen hinauf, die vom Hafen ausgehen, und blickte abwechselnd starr nach links und nach rechts, mit einem Blick, dem nichts entging.

Eine derbe Frau lümmelte sich breitbeinig in der Tür zu einem einzelnen Zimmer, das mit einem hochbeinigen, rostigen Eisenbett vollgestellt war. Sie hielt einen Hahn und rupfte ihn beiläufig mit einer riesigen Hand. Die Luft hing voller schwebender Federn. Sie hoben und senkten sich über Mädchen, die unter ordinären dunklen Ponyfransen hervorzwinkerten. Madame von Bartmann setzte achtsam Fuß vor Fuß.

Vor einem Schiffslieferanten blieb sie stehen und sog den scharfen Geruch geteerter Taue ein. Sie nahm mehrere kolorierte Postkarten von ihrem Ständer, auf denen Frauen beim Baden zu sehen waren oder auch fröhliche Matrosen, die sich mit verschmitztem Blick in falscher Treuherzigkeit über vollbusige Sirenen beugten. Madame von Bartmann berührte die Satinstoffe vulgärer, grellfarbiger Bettüberwürfe, die in einem Seitengäßchen zum Verkauf auslagen. Ein Fenster voller Fliegendreck, staubig und von Sprüngen durchzogen, stellte einen stufenförmigen Aufbau von Trauerkränzen zur Schau, die aus weißen und magentaroten Perlen gewunden und von Abbildungen des Blutenden Herzens eingerahmt waren, diese wiederum aus Blech gehämmert und in blattsilberne Flammen gefaßt, und das Ganze gestrandet auf einer Brandung aus Spitze.

Sie kehrte in ihr Hotelzimmer zurück und löste vor dem Spiegel in der hohen Schranktür die Nadeln aus Hut und Schleier. Um die Stiefel aufzuschnüren, setzte sie sich in einen von acht Lehnstühlen, die mit millimetergenauer Präzision an den beiden gegenüberliegenden Wänden aufgereiht standen. Die dikken Samtvorhänge mit ihren üppigen Falten sperrten die Geräusche des Hofes aus, auf dem Tauben verkauft wurden. Madame von Bartmann wusch sich die Hände mit einem großen Oval gewöhnlicher roter Seife und trocknete sie ab, während sie nachzudenken versuchte.

Am Morgen plante sie, auf derbem Leintuch zwischen dem Mahagoni von Kopf- und Fußteil sitzend, den weiteren Verlauf ihrer Reise. Für den Zug war es noch zwei oder drei Stunden zu früh. Sie zog sich an und ging aus. Als sie auf eine Kirche stieß, trat sie ein und streifte langsam die Handschuhe ab. Es war dunkel und kalt, und sie war allein. Zwei Öllämpchen brannten zu beiden Seiten der Figuren des Hl. Antonius und des Hl. Franziskus. Sie legte ihren Lederbeutel auf einer Bank ab und ging in eine Ecke, wo sie niederkniete. Sie drehte die Steine ihrer Ringe nach innen und legte die Hände so aneinander, daß das Licht durch die kleinen Finger hindurchschien. Sie hob die Hände und betete mit der ganzen Kraft der Erkenntnis um eine gewöhnliche Vergebung.

Sie stand auf und spähte umher, verärgert, weil vor dem Allerheiligsten keine Kerzen brannten – und befühlte dabei den Stoff der Altardecke.

In Nizza löste sie einen Omnibusfahrschein zweiter Klasse und erreichte etwa um vier Uhr den Stadtrand. Mit einem großen Eisenschlüssel öffnete sie das hohe, verrostete Eisentor eines privaten Parks und schloß es wieder hinter sich.

Die Allee der blühenden Bäume mit ihren wohlriechenden Blütenschalen, das Moos, das die geborstenen Pflastersteine umsäumte, die heiße, muskatduftende Luft, das unablässige Flügelschlagen unsichtbarer Vögel – das alles verwob sich zu einem Gewirr tönender Muster, heller wie dunkler.

Die Allee war lang und verlief schnurgerade, bis sie zwischen zwei wuchtigen Tonkrügen, aus denen sich stachelgespickte Arme von Kakteen emporwanden, eine Kurve machte, und gleich dahinter erhob sich das Haus aus Stuck und Stein. Von den Läden, die auf die Allee hinausgingen, war keiner offen, wegen der Insekten, und Madame Bartmann schritt, immer noch mit gerafften Röcken, langsam neben das Haus, wo eine langhaarige Katze wohlig in der Sonne lag. Madame von Bartmann schaute zu den Fenstern hinauf, deren Läden nur halb geschlossen waren, und blieb stehen, überlegte es sich dann jedoch anders und nahm den Weg in das Gehölz im Hintergrund des Hauses.

Das tiefe, durchdringende Gesumme krabbelnder Insekten verstummte, wo sie, mit Bedacht, den Fuß hinsetzte, und sie wandte den Kopf und schaute in die versprengten Tupfer Himmel hinauf.

Sie hielt immer noch den Schlüssel in der behandschuhten Hand, und das siebzehnjährige Mädchen, das aus dem Gebüsch trat, nahm ihn ihr ab, als es neben ihr herzulaufen begann.

Das Kind trug noch kurze Röcke, und das Rosa seiner Knie hatte vom Staub des Unterholzes einen Stich ins Graue angenommen. Eichhörnchenfarbenes Haar teilte sich leuchtend auf seinem Kopf und stieg zu den Käppchen der schmalen Ohren hinab, wo es von einem verblichenen grünen Band zusammengehalten wurde.

»Richter!« sagte Madame von Bartmann (ihr Gatte hatte einen Jungen gewollt). Das Kind legte die Hände auf den Rücken, bevor es antwortete.

»Ich war draußen, auf den Feldern.«

Madame von Bartmann setzte ihren Weg fort, ohne zu antworten.

»Hast du in Marseille Station gemacht, Mutter?«

Sie nickte.

»Wie lange?«

»Zweieinhalb Tage.«

»Wieso zweieinhalb?«

»Die Züge.«

»Ist das eine große Stadt?«

»Nicht sehr groß, aber schmutzig.«

»Gibt es da irgend etwas Schönes?«

Madame von Bartmann lächelte: »Das Blutende Herz – Matrosen…«

Sie gelangten alsbald aufs freie Feld, und Madame von Bartmann raffte ihren Rock und setzte sich auf einen Erdhügel, der warm war von sonnenbeschienenem Gras.

Das Kind ließ sich mit der Gelenkigkeit seiner Jugend neben ihr nieder.

»Bleibst du jetzt zu Hause?«

»Eine ganze Weile.«

»War Paris schön?«

»Paris war Paris.«

Das Kind verstummte. Es begann, am Gras zu zupfen. Madame von Bartmann zog die hellbraunen Handschuhe aus, die an der Daumenspitze aufgeplatzt waren, und schwieg einen Augenblick, ehe sie sagte: »Tja nun, wo dein Vater tot ist…«

Die Augen des Kindes füllten sich mit Tränen. Es senkte den Kopf.

»Kehre ich eilenden Fußes zurück«, fuhr Madame von Bartmann gutmütig fort, »um mein Fleisch und Blut in Augenschein zu nehmen. Schau mich einmal an«, setzte sie hinzu und hob das Kinn des Kindes auf dem Handteller ein wenig zu sich empor. »Zehn, als ich dich das letztemal gesehen habe, und jetzt bist du eine Frau.« Mit diesen Worten ließ sie das Kinn des

Kindes wieder sinken und zog ihren Handschuh wieder an.

»Komm«, sagte sie, »ich habe das Haus schon seit Jahren nicht mehr gesehen.« Während sie die dunkle Allee hinaufliefen, sprach sie.

»Steht die schwarze Marmorvenus noch in der Halle?«

»Ja.«

»Leben die Stühle mit den geschnitzten Beinen noch?«

»Nur noch zwei. Letztes Jahr hat Erna einen kaputtgemacht, und im vorletzten Jahr...«

71

»Ja?«

»Habe ich einen kaputtgemacht.«

»Wenn Kinder größer werden«, bemerkte Madame von Bartmann dazu. »Na schön. Ist das große Bild noch da, das über dem Bett?«

Das Kind sagte kaum hörbar: »Das ist mein Zimmer.«

Madame von Bartmann zog erneut die Handschuhe aus, nahm die Lorgnette von ihrem Busen, hob sie vor die Augen und betrachtete das Kind.

»Du bist sehr dünn.«

»Ich bin doch im Wachstum.«

»Ich bin auch mal gewachsen, aber eher wie eine Taube. Nun ja, eine Generation kann nicht genau wie die andere sein. Du hast das rote Haar deines Vaters. Das«, sagte sie unvermittelt, »war ein schrulliger, verrückter Kerl, dieser Herr von Bartmann. Ich bin nie dahintergekommen, was wir eigentlich miteinander im Sinn hatten. Was dich angeht«, setzte sie hinzu, indem sie ihre Lorgnette zusammenklappte und die Handschuhe wieder anzog, »muß ich erst einmal sehen, was er aus dir gemacht hat.«

Am Abend in dem wuchtigen Haus mit den wuchtigen Möbeln beobachtete Richter ihre Mutter, wie sie, immer noch in Hut und getüpfeltem Schleier, auf dem ausladenden blanken Flügel spielte, hoch oben hinter dem Terrassenfenster. Es war ein Walzer. Madame von Bartmann spielte schnell, temperamentvoll, ihre juwelenbesetzten Finger sprühten Funken über die Tasten.

Im Dunkel des Gartens lauschte Richter Schubert, der die Lichtbahn der Fensteröffnung herabgeströmt kam. Dem Kind war jetzt kalt, und es erschauderte in dem langen Mantel, der die Kühle seiner Knie streifte.

Nach einem *finale* in der Manier der großen Oper schloß Madame von Bartmann schwungvoll den Flügel und trat einen Augenblick auf die Terrasse hinaus, wo sie die Luft einsog und die klobigen Glieder ihrer Kette befühlte, während ihr die Insekten waagerecht vor dem Gesicht hin- und herschossen.

Kurz danach kam sie in den Garten hinaus und setzte sich auf die Steinbank, die Wärme verströmte.

Richter stand ein paar Schritte von ihr entfernt, näherte sich nicht und sagte auch nichts. Madame von Bartmann begann, obwohl sie das Kind gar nicht sehen konnte, zu sprechen, ohne sich dabei umzudrehen:

»Du warst immer hier, Richter?«

»Ja«, antwortete das Kind.

»In diesem Park, in diesem Haus, mit Herrn von Bartmann, den Hauslehrern und den Hunden?«

»Ja.«

»Sprichst du Deutsch?«

»Ein bißchen.«

»Laß mal hören.«

»Müde bin ich, geh' zur Ruh.«

»Französisch.«

»O nuit désastreuse! O nuit effroyable!«

»Russisch?«

Das Kind antwortete nicht.

»Ach!« sagte Madame von Bartmann. Dann: »Warst du in Nizza?«

»Oh ja, schon oft.«

»Und was hast du dort gesehen?«

»Alles!«

Madame von Bartmann lachte. Sie beugte sich vor, den Ellenbogen auf das Knie, das Gesicht in die Handfläche gestützte. Ihre Ohrringe kamen zur Ruhe, das Summen der Insekten war deutlich und sanft; der Schmerz lag noch brach.

»Früher einmal«, sagte sie, »war ich ein Kind wie du. Dicker, gesünder – aber eben doch wie du. Ich mochte schöne Dinge. Allerdings«, setzte sie hinzu, »andere als du, stelle ich mir vor, Dinge, die lebensbejahend waren. Ich ging abends gern aus, nicht, weil der Abend süß und üppig war – sondern um mich zu ängstigen, weil ich das alles erst so kurze Zeit kannte und es nach mir noch so lange existieren würde. Doch das…«, unterbrach sie sich, »ist nicht entscheidend. Erzähl mir, wie du dich fühlst.«

Das Kind im Schatten bewegte sich. »Ich kann nicht.«

Madame von Bartmann lachte wieder, brach dann jedoch abrupt ab.

»Das Leben«, sagte sie, »ist schmutzig. Und beängstigend ist es ebenfalls. Es enthält einfach alles: Mord, Schmerz, Schönheit, Krankheit – Tod. Weißt du das?«

Das Kind antwortete: »Ja.«

»Woher weißt du das?«

Das Kind antwortete abermals. »Ich weiß nicht.«

»Siehst du!« fuhr Madame von Bartmann fort, »du weißt nichts. Du mußt *alles* wissen und *dann* beginnen. Du mußt ein ungeheures Verständnis haben, oder du fällst. Pferde tragen dich geschwind aus der Gefahr; Züge bringen dich dorthin zurück. Gemälde versetzen dem Herzen einen tödlichen Stich – sie hängen über einem Mann, den du liebtest und vielleicht in seinem Bett ermordet hast. Blumen betrüben das Herz, weil ein Kind in ihnen begraben wurde. Musik treibt uns in das Grauen der Wiederholung. Die Kreuzwege sind dort, wo die Liebenden Schwüre ablegen, und die Schenken sind für die Diebe da. Nachdenken führt zum Vorurteil, und Betten sind Felder, auf denen Säuglinge eine aussichtslose Schlacht schlagen. Weißt du das alles?«

Aus dem Dunkel kam keine Antwort.

»Der Mensch ist verderbt von Anbeginn«, fuhr Madame von Bartmann fort, »verderbt von Tugend und Laster. Er wird von beiden erdrosselt und zunichte gemacht. Und Gott ist das Licht, das das sterbliche Insekt entzündet hat, um sich ihm zuzuwenden und an ihm zu sterben. Das ist sehr weise, doch man darf es nicht mißverstehen. Ich will nicht, daß du über irgendeine Hure in welcher Straße auch immer die Nase rümpfst; bete und wandle und vergehe, doch ohne Vorurteil. Ein Mörder mag weniger Vorurteile haben als ein Heiliger. Manchmal ist es besser, ein Heiliger zu sein. Halt dir nichts zugute auf deine

Gleichgültigkeit, solltest du von Gleichgültigkeit ge-
packt werden, und«, sagte sie, »mißversteh den Wert
unserer Leidenschaften nicht. Er ist nur die Würze
des ganzen Grauens. Ich wünschte mir – « Sie sprach
nicht zu Ende, sondern nahm ruhig ihr Taschentuch
heraus und trocknete sich schweigend die Augen.

»Was?« fragte das Kind aus der Dunkelheit.

Madame von Bartmann erschauderte. »Denkst du
denn etwas?« sagte sie.

»Nein«, antwortete das Kind.

»Dann *denke*«, sagte Madame von Bartmann laut
und wandte sich dem Kind zu. »Denk alles, Gutes,
Schlechtes, Gleichgültiges, alles, und *tu* alles, *alles*!
Versuch herauszufinden, was du bist, ehe du stirbst.
Und«, sagte sie, indem sie den Kopf zurücklegte und
mit geschlossenen Augen schluckte, »komm als wohl-
geratene Frau wieder zu mir.«

Dann stand sie auf und entfernte sich die lange
Seitenallee hinab.

Am selben Abend zur Schlafenszeit rief Madame
von Bartmann, die sich, rüschenbesetzt und lavendel-
duftend, bereits in einem Bett mit leinernem Rosen-
baldachin zusammengerollt hatte, durch die Vorhänge
hindurch:

»Richter, kannst du Klavier spielen?«

»Ja«, antwortete Richter.

»Spiel mir etwas vor.«

Richter hörte, wie ihre Mutter sich wohlig und
schwer im Bett herumdrehte. Die dürren Beine nach
den Pedalen gereckt, spielte Richter mit magerer

Technik und leichtem Anschlag etwas von Beethoven. »Bravo!« rief ihre Mutter, und sie spielte noch etwas, und diesmal blieb es still im Himmelbett. Das Kind schloß den Flügel und zog den Samt über das Mahagoni, machte das Licht aus und trat, immer noch in seinem Mantel fröstelnd, auf die Terrasse hinaus.

Nach ein paar Tagen, während derer sie ihr mit scheuer, verängstigter und verletzter Miene ausgewichen war, trat Richter in das Zimmer ihrer Mutter. Sie sprach ohne Umschweife und beschränkte sich auf wenige Worte:

»Mutter, mit deiner Einwilligung würde ich gern meine Verlobung mit Gerald Teal bekanntgeben.« Ihr Auftreten wirkte gezwungen. »Vater schätzte ihn. Er kannte ihn schon Jahre. Wenn du erlaubst...«

»Allmächtiger!« rief Madame von Bartmann und fuhr auf ihrem Stuhl herum. »Wer ist das denn? Wie ist er denn?«

»Er ist bei der Regierung angestellt. Er ist jung...«
»Hat er Geld?«
»Ich weiß nicht. Vater hat sich darum gekümmert.«
In Madame von Bartmanns Zügen mischten sich Bestürzung und Erleichterung.

»Also gut«, sagte sie, »ich möchte euch beide um Punkt acht Uhr dreißig zum Abendessen sehen.«

Um Punkt acht Uhr dreißig saßen sie beim Abendessen. Madame von Bartmann, die am Kopf des Tisches saß, hörte sich an, was Mr. Teal zu sagen hatte.

»Ich werde mein Bestes tun, um Ihre Tochter glücklich zu machen. Ich bin ein eher beständiger Mensch und auch nicht mehr allzu jung«, er lächelte, »ich habe ein Haus am Stadtrand von Nizza. Mein Einkommen ist gesichert −, ein wenig hat mir zudem meine Mutter hinterlassen. Meine Schwester ist meine Haushälterin. Sie ist eine unverheiratete Dame, doch sehr fröhlich und sehr gutherzig.« Er schwieg einen Augenblick und hielt sein Weinglas gegen das Licht. »Wir hoffen, bald Kinder zu haben −, Richter wird beschäftigt sein. Da sie zart ist, werden wir jährlich einmal verreisen, nach Vichy. Ich habe zwei sehr schöne Pferde und eine stabil gefederte Kutsche. Sie wird nachmittags ausfahren, wenn sie nichts anderes zu tun hat −, ich hoffe allerdings, daß sie zu Hause am glücklichsten sein wird.« Richter, die zur Rechten ihrer Mutter saß, blickte nicht auf.

Binnen zwei Monaten hatte Madame von Bartmann erneut ihr Reisekleid angelegt, steckte den Kopf unter Hut und Schleier und zurrte ihren Schirm fest, während sie auf dem Bahnsteig stand und auf den Zug nach Paris wartete. Sie schüttelte ihrem Schwiegersohn die Hand, küßte ihre Tochter auf die Wange und stieg in ein Raucherabteil zweiter Klasse.

Sowie der Zug sich in Bewegung gesetzt hatte, zog Madame Erling von Bartmann langsam ihre Handschuhe durch die geschlossene Hand, von den Fingern bis zur Stulpe, und strich sie dann mit festem Griff über dem Knie glatt. »Herrje, wie überflüssig.«

JÖRN PFENNIG

Philemons Gruß

Unsere Falten
werden langsam redselig
und durch den Duft deiner Haare
weben sich die Silberfäden –
zu schweigen von meinem
fortschreitenden Immergrau.

Die Lust nimmt sich
längere Atempausen
weiß, daß sie die Ruhe
gewissenlos genießen darf.
Und auch manch anderer Tatendrang
hat sich davongeschlichen.

Unerzähltes aus der Zeit vor uns
ist kaum noch zu entdecken.
An seine Stelle trat
fast unbemerkt
gemeinsam Erlebtes.
»Weißt du noch...?«

Die Anfangsjahre
die sich manchmal
scheinbar überstürzt entfernten
werden wieder nah und liebenswert
weil sie den Vergleich

nicht fürchten müssen
mit unserer Gegenwart.

Und die Zukunft verhält sich still.
Sie hat auch allen Grund
uns ganz gelassen
beim Älterwerden anzusehen
weil sie ahnt
wir werden ihr
nur Gutes bringen.

Das Quadrat und die Frauen

Die Nachricht

epz 180 191280 apr 80 vvvg
lrf 112 ab
dpa (rg)

wissenschaftler des instituts fuer grundlagenforschung in muenchen haben in reihenversuchen mit weiblichen testpersonen herausgefunden, dass frauen keine quadrate zeichnen können, eine erklaerung fuer diese bisher unbekannte tatsache...

Die Kommentare

Frankfurter Rundschau

Frauen, hört man, können keine Quadrate zeichnen. Ja und? Anstatt – wie es geschehen ist – schadenfroh auf diese Nachricht zu reagieren, sollten wir Männer uns doch lieber fragen, wohin wir es mit unserer Fähigkeit, Quadrate zu zeichnen, eigentlich gebracht haben. Haben wir diese uns allen anvertraute Erde in den Jahrtausenden, in denen ihre Geschicke vom Patriarchat gelenkt wurden, nicht an den Rand des Abgrunds geführt? Ist es nicht fünf vor zwölf? Strotzt der Erdball nicht von den schrecklichsten Vernichtungswaffen, die ohne die, allerdings männliche,

81

Erfindung des Quadrats wohl kaum in dieser Perfektion hätten entwickelt werden können? Freilich – auch ein Straßburger Münster, ein Dürer, eine Hochrenaissance, alles erwiesenermaßen »Männer«-Leistungen – auch wenn diese Erkenntnis militanten Feministinnen nicht schmecken mag –, basieren auf dem Vermögen des Mannes...

Pflasterstrand
Stadtzeitung für Frankfurt

...in unserer Männergruppe jedenfalls hat die Nachricht, daß Frauen keine Quadrate zeichnen können, erst echt irritierend gewirkt. Dann aber hat Werner den Vorschlag gemacht, wir alle sollten doch mal angstfrei unsere geometrische Sozialisation einbringen, und da ist uns in sehr intensiven Gruppengesprächen klargeworden, wie sehr...

Die Welt
Unabhängige Tageszeitung für Deutschland

Der Wunschglaube nicht nur der Neurotiker und Chaotiker der linken Szene, sondern auch mancher sich »liberal« gebender Kreise, man könne die natürlich gewachsenen Unterschiede zwischen den Geschlechtern so einfach leugnen, hat durch die Wissenschaftler des »Instituts für Grundlagenforschung« eine nur auf den ersten Blick amüsante Relativierung erfahren. Denn hinter der überraschenden Feststellung, daß Frauen keine Quadrate zeichnen können, steckt mehr als eine nur marginale Korrektur jener Weltverbesserungsutopien, die in den späten 60er Jahren ihren Ausgang nahmen und auf geradem Weg in den Terrorismus führten. Zu Ende gedacht, bedeutet sie nicht mehr und nicht weniger als eine Bestätigung auch und gerade unserer Wirtschaftsordnung. Sie, die sich von Beginn an mit wachem Instinkt weigerte, unsere Damenwelt dem fruchtlosen Konkurrenzkampf mit den Männern – zumal im gehobenen Management – auszuliefern, darf heute von sich behaupten, die Zeichen der Natur...

Brigitte
Das Magazin für Frauen

...lassen wir also den Männern ihre Quadrate, und schauen wir uns die Frühjahrsmode auf S. 144–155 an. Kein Zweifel: Die Mode wird wieder normaler. Was wir in diesem Heft zeigen, wird sicher allen Frauen Appetit machen, denen die Trends des letzten Jahres zu schwer im Magen lagen. Was BRIGITTE anläßlich...

UZ

Während die bürgerliche Presse also wieder einmal in gewohnter Unverbindlichkeit die Tatsache verzeichnet, daß Frauen keine Quadrate zeichnen können, bleibt das »Warum« wohlweislich ausgespart. Wer hat denn die Frauen jahrtausendelang in die drei Ks – Kirche, Küche, Klappsarg – verbannt? Wer hat ihnen jahrhundertelang den Zutritt zu den Volkshochschulen verwehrt? In seinem gleichnamigen Drama läßt Goethe, auch er ein Mann, den Faust gleich Theologie, Juristerei und Medizin studieren, während das gleichnamige Gretchen weder saubere Reime artikulieren (»Ach neige du Schmerzensreiche«) geschweige denn Quadrate zeichnen kann.

Und hat sich daran etwas bis zu dem heutigen Tage geändert? Kann man denn von der unterbezahlten Fließbandarbeiterin, die nach getaner Arbeit ihre Familie zu bekochen hat, verlangen, daß sie sich anschließend noch hinsetzt und eine so schwierige Wissenschaft wie das Quadratezeichnen studiert? Fortschrittliche Frauen freilich wissen, daß sie nur im Bündnis mit den Massen eines Tages die Voraussetzungen dafür schaffen können, daß sie auch in der BRD Quadrate zeichnen lernen, etwas, was für die Frauen der Sowjetunion bereits heute...

Bild

Kompliment, meine Damen! Zwei Nachrichten, zwei Welten.

Da haben Wissenschaftler herausbekommen, daß Frauen keine Quadrate zeichnen können. Typisch Mann.

Da hat Mutter Teresa den Friedensnobelpreis dafür bekommen, daß sie viele Jahre lang Inderkinder bemuttert hat. Typisch Frau.

Wir meinen: Forschung ist gut. Ohne Forschung kein Fortschritt. Liebe ist besser. Ohne Liebe kein Leben. Frauen kennen es noch, das Geheimnis, wie man Liebe gibt. Das ist wichtiger als alle Quadrate der Welt. Danke, Mutter Teresa!

»Na denn Prostata!« hatte sie anläßlich des Bundes-
presseballes noch im Kreise schwofender Chauvini-
sten gescherzt, doch zwei Stunden später kehrte die
alberne Alice (35) wieder die schwierige Schwarzer
(37) hervor: »Unfug!« Stein des Anstoßes: die ärger-
liche Erkenntnis des »Instituts für Grundlagenforschung«, daß Frauen keine Quadrate zeichnen
können. Ereiferte sich die hochgemute Herausgeberin
des eher engstirnigen Emanzenblattes: »Können sie
doch!«

Freilich dürfte es der schwadronierenden
»Schwanz-ab«-Schwarzer diesmal schwerfallen, die
Erkenntnisse des Instituts allein durch verbale Kraftakte zu widerlegen. Stützen sie sich doch auf Untersu-
chungsmethoden, die kratzbürstiger Krittelei wenig
Handhabe liefern: Ein repräsentativer Querschnitt
von drei Frauen wurde – unabhängig voneinander –
in einen schalltoten, lichtlosen Raum geführt und...

Die Zeit

...in das fruchtlose Lamento all jener einzustimmen,
die da mit Erwin Morgennatz meinen, »daß nicht sein
kann, was nicht sein darf«. Wäre es nicht sinnvoller,
die Erkenntnis des »Instituts für Grundlagenforschung« nicht als Cannae, sondern als Rubikon des
Feminismus zu werten? Eines, mit Montesquieu zu
reden, »wohlverstandenen« Feminismus, der über

den »astra« nicht vergißt, wie viele »aspera« der Mann im Laufe leidvoller Jahrtausende zu überqueren hatte, bis er Quadrate zeichnen konnte?

Soviel zumindest scheint festzustehen: Eine Frauenbewegung, die, entgegen wissenschaftlich gesicherten Fakten, weiterhin dem Prinzip des schieren Voluntarismus huldigt, wird ihre Anhängerinnen früher oder später in ein Valmy hineinführen, das sich als äußerst zweischneidige Medaille entpuppen könnte. Zumal in einer Welt, in der nur Realitätstüchtigkeit und Augenmaß eine Gewähr dafür bieten, daß dem über uns schwebenden »Hi Roschima« nicht ein schreckliches »Hic salta« folgt, welches dann freilich die Unterschiede zwischen Männern und Frauen in einer Weise nivellieren dürfte, die auch hartgesottenen Suffragetten...

Titanic

Liebe Leserinnen,

»Frauen können keine Quadrate zeichnen«, behauptet die Schnarchsackpresse im trauten Verein mit dem »Institut für Grundlagenforschung«, und unsere Gewährsfrau Gaby erzählt uns, daß viele Frauen darüber oh so traurig seien. Unser Rat: Nicht weinen, Mädels! Ist doch gelogen! Frauen können nämlich sehr schöne Quadrate zeichnen, wenn sie sich nur etwas Mühe geben. Zumindest kann das unsere Textredakteurin Evamarie Czernatzke:

Also Kopf hoch, Schwestern! Alles klar?   Eure Titanic

MASCHA KALÉKO
Träumer mittleren Alters

Wie einen doch der große Weltschmerz quälte,
Als man so etwa zwanzig Jahre zählte!
Nun wird man niemals wieder zwanzig sein.
Oft ist in mir ein seltsames Bedauern:
Daß ich nicht traurig bin, das macht mich trauern
Und hüllt mich in die alte Wolke ein.

Soll man die Wohlgeratenen beneiden,
Die kühl und praktisch nie an Weltschmerz leiden,
Weil ihre Herzen längst gestorben sind?
Ach, der Gedanke schon läßt mich verzagen...
Mein Schicksal bleibt es, Träumen nachzujagen,
Ein hoffnungslos verlornes großes Kind.

ELKE HEIDENREICH

Die Zipperlein der Männer

Also... natürlich jammern wir Frauen auch schon mal: diese Kopfschmerzen, dieser Vollmond heute, der Streß, und wir werden trotz eiserner Diät immer runder, und guck mal hier, um die Augen herum: lauter neue Falten! Aber das ist alles *nichts* im Vergleich zu den Tiraden, die die Männer meiner Umgebung in letzter Zeit zunehmend loslassen. Männer in den angeblich besten Jahren, aber sie scheinen alle kurz vor

dem sicheren, qualvollen Dahinsiechen zu stehen. Joachim hat den Hexenschuß, ganz krumm muß er gehen, aber er wird sogleich verhöhnt von Hermann: Hexenschuß? Pah! Hermann wünscht sich glühend einen Hexenschuß, wenn er dafür seinen Ischias loswürde. Horst zeigt seine Hände und nennt eine unaussprechliche Krankheit: Seht ihr all die dicken Knubbel und Knorpel? Bald werden meine Hände völlig steif sein! Daß Monika anbietet, ihn dann liebevoll zu waschen und zu füttern, quittiert Horst mit gequältem »Du-verstehst-mal-wieder-nichts«-Blick. Rainer hingegen versteht ihn. Er tastet die Knubbel und Knorpel ab und sagt: Ja, fühlt sich schlimm an, ist aber gar nichts gegen meine Gicht. Gicht? ruft Lotte, wo hast du denn Gicht? In den Händen, sagt Rainer düster, hier, bitte. Er zeigt uns seine tadellosen Hände und schüttelt traurig den Kopf: Gicht. Bald sind sie steif. Das kommt vom Rotwein. Warum nur ist in diesem Leben für alles ein Preis zu zahlen?

Und meine Schleimbeutelentzündung? ruft Rüdiger, warum hab ich die, wofür muß ich zahlen? Dafür, daß du dir immer die billigsten Turnschuhe kaufst, sagt Joachim, und dann spielst du Volleyball, in deinem Alter, und der Fuß federt nicht richtig, und bitte. Schleimbeutelentzündung, brummelt Horst, das bedeutet irgendwas. Jede Krankheit bedeutet

irgendwas. Meine Hände zum Beispiel, das hatte Goethe auch. Das ist eine Schreibhemmung. (Horst schreibt Hörspiele.) Ich glaub, Schleimbeutelentzündung bedeutet was Sexuelles, du hast Probleme, weil du nicht schwanger werden kannst oder so ähnlich.

Rüdiger ist empört. Das will ein Freund sein? Der mit den Gebrechen eines andern geschmacklose Scherze treibt? Er wisse ja gar nicht, wie weh so eine Schleimbeutelentzündung im Knie tue.

O doch! ruft Joachim, ich hatte mal eine im Ellbogen, hier. Er krempelt das Nadelstreifenhemd hoch und zeigt seinen makellosen Ellbogen. Wochenlang, betont er, konnte ich den Arm nicht bewegen,

stimmt's, Renate? Renate verdreht die Augen zur Decke. Rüdiger ist inzwischen aufgestanden und humpelt durch die Gaststube, in der wir alle sitzen. Ellbogen! bellt er bitter, Ellbogen! Jahre meines Lebens gäbe ich, wenn ich es im Ellbogen hätte! Hier! Im Knie! Jeder Schritt bedeutet eine Qual für mich!

Was Sexuelles, murmelt Horst und bestellt noch einen Schnaps. Zu billige Schuhe! kräht Joachim, und Thomas zeigt plötzlich seinen Bauch. Ihr habt Sorgen, sagt er, was soll ich erst sagen, ich werde immer dicker und krieg beim Treppensteigen keine Luft mehr. Dann stehen alle auf, zeigen ihre Bäuche, Rüdiger, Joachim und Hermann humpeln verbissen um die Wette, Sonja soll entscheiden, wer am kränksten ist. Der kleine schmale Hansi wirft schüchtern in die Debatte, daß er nur einen Blutdruck von 50:80 hat und sich immer schlapp fühlt. Aber damit kann er bei niemandem landen. Alle haben sie plötzlich zu hohen Blutdruck und hätten gern zu niedrigen, sie täscheln Hansi den Kopf und sagen, Alter, du überlebst uns alle, und dann zeigen sie sich noch ihre Altersflecken, zählen mit umflorten Stimmen ihre Geburtsjahrgänge auf und mutmaßen, wen von ihnen es am ersten trifft.

Als es dann darum geht, wer was an wessen Grab sagen wird, kommt wieder Stimmung in die Runde, und die Gebrechen sind vergessen. Gegen zwei, als wir wein- und bierselig den Ort verlassen, humpelt keiner mehr. Horst probiert auf dem Parkplatz sogar noch den Stechschritt. Unsere tapferen, wunderbaren Männer in den besten Jahren!

Die große Frage, die niemals beantwortet worden ist und die ich trotz dreißig Jahre langer Erforschung der Frauenseele auch nicht beantworten konnte, lautet: Was wünscht sich eine Frau?

Sigmund Freud

REGINE SCHNEIDER

Mein vierzigster Geburtstag

Meinen 40. Geburtstag verbringe ich allein. Nicht, weil ich es so will. Mein Lebensgefährte ist auf einer Dienstreise und – obwohl er es mir versprochen hat – nicht pünktlich zurückgekehrt. Noch warte ich. Und hoffe, daß er vielleicht doch...? Mit Verspätung? Nein, er kommt nicht.

Dabei hatte ich ihn sehr gebeten, diesmal pünktlich zurück zu sein. Immerhin ist der 40. Geburtstag nicht irgendein Geburtstag. Ich hatte mir ausgemalt, wir gehen abends gemütlich essen und reden mal wieder in Ruhe. Hatten wir ewig nicht gemacht. Dreimal hatte ich noch nachgefragt, als ob er davon zuverlässiger würde: »Wirst du auch bestimmt kommen?« Bekam dreimal zu hören: »Natürlich bin ich zu deinem Geburtstag zurück.« Aber wie schon so oft stellte er mich in letzter Minute vor die Tatsache, daß er erst einen Tag später wiederkommen kann.

Ich fühle mich sehr verletzt. Und bin sauer.

Stinksauer. Hadere mit mir, meiner Beziehung, mit der ganzen Welt. Großer innerer Aufruhr: »Unzuverlässiger Kerl, sogar an meinem Geburtstag, hättest du nicht dieses eine Mal...« Ich schäume. Und zum zigstenmal vollziehe ich in meiner Phantasie unsere Trennung. Male mir aus, wie ich ihm bei seiner Rückkehr die Koffer vor die Tür setze. Ärgere mich gleichzeitig über mich, weil ich wieder den Kampf gegen

Windmühlenflügel gesucht und verloren habe. Obwohl ich es im Grunde besser weiß. Aber es geht mir schlecht, ich kann an nichts anderes denken. Ich hatte mir diesen Geburtstag so schön ausgemalt, und nun das.

Meine ganzen Erwartungen – mal wieder eine Seifenblase. Gleichzeitig beginne ich zu denken, und je mehr ich denke, desto klarer wird mir, es ist ein immer wiederkehrendes Muster, eine immer wiederkehrende Situation. Ich habe Wünsche, Forderungen, Erwartungen. Aber sie werden von meinem Partner nicht erfüllt. Die Folge: Ich habe das Gefühl, er tritt meine berechtigten Bedürfnisse mit Füßen. Und ich frage mich zum tausendstenmal, warum gerate ich immer wieder an Männer, die so mit mir umgehen? Was mache ich falsch? Warum falle ich immer wieder darauf rein? Warum immer wieder die gleichen Situationen – in Variationen, mit verschiedenen Partnern?

Ich denke lange nach über unzuverlässige Partner, die mich warten lassen, die meine Gefühle und meine Wünsche nicht achten, die nicht zuhören, wenn ich etwas sage. Und mir wird deutlich, daß ich das Gefühl von Kindheit an kenne. Dieses Hinterherrennen nach Liebe, Achtung, Aufmerksamkeit. Immer wieder ein neuer Anlauf, immer wieder abgeschmettert.

Gleichzeitig immer der Eindruck, ich bin »verkehrt«, wenn ich mehr fordere, als ich bekomme. Was wurde immer gesagt, wenn ich protestierte? Ich sei kleinlich, bausche »Nichtigkeiten« auf, sehe alles übertrieben. Setze den anderen »unter Druck« mit meinen hohen Erwartungen. Bin ich wirklich so verkehrt, wenn ich mir wünsche, an meinem 40. Geburtstag nicht allein zu sein? Oder habe ich mir den falschen Partner dafür gesucht? Und wenn ja, warum?

Oder hätte ich selbst etwas anders machen sollen? Es kommen viele Situationen hoch, wo meine Gefühle, meine Bedürfnisse übergangen wurden. Alltagssituationen. Mir fällt ein, wie oft in der Vergangenheit andere Dinge viel wichtiger waren, als das, was ich zu sagen hatte. Oder die dauernde Unzuverlässigkeit. Verabredungen, die nicht pünktlich eingehalten werden. Wie viele Stunden meines Lebens habe ich allein, mit Warten auf einen Mann verbracht, der nicht zum verabredeten Zeitpunkt kam. Und damit, dafür zu kämpfen, daß meine Wünsche geachtet, respektiert werden. Mit Wutanfällen und Krächen. Mit Stänkern und Meckern.

Liegt es an meinen falschen Erwartungen? Mir wird klar, daß ich mehr Energie in den Versuch investiere, meine Partner zu verändern, zu formen, wie ich sie lieber hätte, als etwas für mich zu tun.

Und endlich fällt der Groschen. Warum gehe *ich* so mit mir um? Das ist der Punkt. Zu solchen Situationen gehören zwei. Ich bin ja nicht nur Opfer! Warum suche ich immer solche Situationen? Warum konstruiere ich immer wieder solche Situationen?

Wie ich das kenne. Dieses alte Muster: Ich kämpfe um Anerkennung, Liebe, Achtung, Beachtung. Ich möchte, daß meine Gefühle gehört und respektiert werden. Aber wähle ich die richtigen Mittel? Will ich vielleicht etwas erzwingen, was so gar nicht geht?

An meinem 40. Geburtstag entscheide ich, ich will es nicht mehr. Ich will mich nicht mehr davon abhängig machen, ob mein Partner kommt oder nicht kommt, gut oder schlecht für mich sorgt. Ab sofort werde ich selbst für mich sorgen.

Ich hätte zum Beispiel Freunde zum Geburtstagskaffee einladen können, anstatt das ganze Fest von einem einzigen Menschen abhängig zu machen, der weit weg auf einer Dienstreise ist. Ich hätte ja ohne ihn feiern können. Unabhängig von ihm. Wenn er gekommen wäre, schön. Und wenn nicht, feiere ich auch. Und bin auch ohne seine Anwesenheit glück-

lich. Mir wird klar, wie sehr ich die Erfüllung meiner Wünsche von meinem Partner abhängig mache. So machen es Kinder. Als Kind ist man abhängig. Darauf angewiesen, daß Erwachsene für uns sorgen. Und wenn zu viele Wünsche nach Liebe, Aufmerksamkeit und Achtung unerfüllt bleiben, bekommt man ein Defizit. Aber ich bin ein erwachsener Mensch. Ich kann inzwischen selbst für mich sorgen, könnte mir das Leben selbst angenehmer gestalten. Ich muß nicht auf andere warten. Und ich muß auch nicht mehr hinter unerfüllen Kinderbedürfnissen herlaufen. Heute könnte ich andere Verhaltensweisen wählen. Aber ich warte und hoffe immer noch, wie als Kind. Plötzlich ist mir dieses alte vertraute Muster klar. Und auch, daß ich es in der Hand habe, es zu ändern.

Ein amerikanisches Sprichwort sagt: »Love it, change it or leave it.« Aber diesmal verlasse ich nicht meinen Partner, wie früher, wo ich Männer immer nach drei, vier Jahren ausgewechselt habe. Ent-täuscht vom Gegenwärtigen und in der Hoffnung, dann den Richtigen zu finden. Beim nächsten wird alles anders. Der nächste Mann wird meine Wünsche erfüllen. Ich bin entschlossen, mein altes Muster zu verlassen. Es wird nämlich auch klar: Es bringt nichts, ständig den Partner zu wechseln. Wenn ich mich nicht verändere, werde ich mit kleinen Variationen immer wieder bei dem gleichen Typ landen. Franz Lautenschläger, der Begründer der Wellness-Bewegung, schreibt: »Man bekommt immer nur das, was man selbst einbringen kann. Es kommt nur der Partner, der ein Spiegelbild zu einem selbst darstellt.« Ich fange jetzt bei mir an. Ich veränderte mein Verhalten.

Nach meinem Geburtstagserlebnis werde ich immer aufmerksamer. Lerne immer besser, Entscheidungen für mich zu fällen. Unabhängig von meinem Partner Dinge zu tun, die mir guttun. Ich fange an, selbst dafür zu sorgen, daß meine Wünsche erfüllt werden. Ich lerne, mich ernst zu nehmen. Und daß es mich nicht weiterbringt, darauf zu hoffen, daß einer kommt, der meine Wünsche erfüllt. Es gibt keinen Märchenprinzen, der mir meine Wünsche von den Augen abliest. So werde ich mit der Zeit von Entscheidungen und Beurteilungen anderer immer unabhängiger. Inzwischen habe ich eine große innere Freiheit erlangt, und mir ist klar geworden: Männer haben sich mir gegenüber so lange entsprechend verhalten, bis ich hinter meine Muster gekommen bin. Ich habe ihnen unbewußt angeboten, meine Forderungen nicht ernst zu nehmen. Ich habe herausgefordert, daß oft weggehört wurde – weil ich mich selbst nicht ernst nahm.

Inzwischen kann ich für mich sorgen, für mich entscheiden. Ich habe gelernt, unabhängig zu sein und mir mehr zu trauen als den Urteilen anderer. Habe gelernt, mich in mir erfüllt und sicher zu fühlen. Und noch etwas habe ich gelernt. Etwas sehr Wichtiges für eine Partnerschaft: ohne Angst allein zu sein. Keine innere Leere mehr zu spüren, die ein Partner füllen muß. Meine wichtigste Erfahrung dabei: Seit ich solche Unabhängigkeit ausstrahle, solche Selbstverständlichkeit, reagiert mein Partner anders. Der, der immer so unzuverlässig war.

Es war ein langer Lernprozeß, der nicht nur meine Partnerschaft, sondern auch andere Bereiche meines Lebens betrifft. Noch vor fünf Jahren war ich ein Mensch, der weit von dem entfernt war, was er wirklich wollte. Dieses Gefühl zog sich durch mein ganzes Leben. Ich war nicht nur ständig darauf aus, meine Zeit zu verplanen, damit ich nicht mit mir allein sein mußte. Ich habe auch oft nur funktioniert, mich Normen angepaßt, getan, was man von mir forderte. Auf meine eigenen Gedanken, Ideen und Gefühle zu hören, hatte ich nicht gelernt. Ich wußte gar nicht, wie das geht. Und es gab Gefühle, die durften gar nicht hochkommen. Die habe ich verdrängt. Wut, Trauer, Tränen. Das alles hatte nicht stattzufinden. Das hatte geschluckt zu werden. Ich war ein braves Mädchen, das alles tat, um geliebt zu werden. Das geglaubt hat, wer brav ist und artig tut, was von ihm verlangt wird, wird gemocht und geliebt. Wer wütend ist und das zeigt, wird abgelehnt. Und ich war ein starkes Mädchen. Ein Indianer kennt keinen Schmerz! Es tat sehr weh, als das brav-starke Mädchen festgestellt hat, daß es keineswegs geachtet wird, obwohl es sich immer sehr bemühte, sich anzupassen.

Bis ich 36 Jahre alt war, war ich überzeugt davon, »verkehrt« zu sein. Habe meinen Eltern, meinen Partnern, meiner Umgebung geglaubt, die immer, wenn ich gegen ihre Normen verstieß, urteilten: »Sie stellt sich mal wieder quer. Sie tanzt mal wieder aus der

Reihe. Das ist nicht richtig. Sie ist ein schwarzes Schaf.« Der Ausbruch aus meinem beengenden Rahmen begann sich abzuzeichnen, als ich − ich war 36 − meine Tochter bekam. Sie zwang mich, alte Lebensmuster und Rituale zu verändern, was einen Prozeß auslöste, der an meinem 40. Geburtstag fast abgeschlossen war − einen Selbstfindungsprozeß. Schon in der Schwangerschaft hatte ich aufgehört, abends nach der Arbeit zu meinem gewohnten Glas Wein zu greifen, aus dem dann leicht eine ganze Flasche wurde. Und weil ich abends den Kopf klar hatte, wurde mir auch bewußt, welche Funktion der Wein, den ich jahrelang Abend für Abend in mich hineinschüttete, gehabt hatte: Betäubung. Er hinderte mich daran, den Tag zu reflektieren. Den Tagesfrust zu überdenken. Und bei einem Menschen, der so brav funktionierte wie ich, hatte sich jeden Abend ein haufen Frust und Zorn angesammelt. Der wurde mit Wein heruntergespült, weggedrückt, der Tag wurde schöngetrunken. Damit ich am nächsten Tag wieder artig funktionieren konnte.

Die erste Zeit ohne Wein war hart, weil ungewohnte Gefühle hochkamen. Unangenehme. Oft taten sie schrecklich weh. Ohne meine Tochter in mir hätte ich sie bestimmt wieder mit Alkohol weggedrückt. Ich konnte sie manchmal kaum aushalten. Zu der Zeit ging es noch nicht um Partnerschaft. Das Berufsleben stand im Vordergrund. Mir fiel plötzlich auf, wie ich mir wieder einen Artikel in Grund und Boden hatte reden lassen. Wie ich mich ohne Widerspruch in die

Beurteilung meiner Arbeit durch die anderen gefügt habe. Überzeugt, daß alle anderen besser sind als ich. Wie ich mich habe herumkommandieren lassen. Unkorrektheiten, Gemeinheiten geschluckt habe. Mich kleingemacht habe. Alles aus Angst, meinen Job zu verlieren. Ich hatte mich sehr über meine Arbeit definiert. Und über das Produkt, für das ich gearbeitet habe. Wie stolz war ich, wenn ich sagen konnte: Ich schreibe für diese eine Zeitung, bei der ich fest angestellt war. Daraus zog ich mein Selbstbewußtsein. Mein Selbstwertgefühl. Aber mir wurde immer klarer, welch hohen Preis ich dafür bezahlte. Den Preis der Mißachtung. Denn ich und meine Arbeit wurden nicht respektiert. Was nicht zuletzt an mir lag, denn durch mein unsicheres, angepaßtes Verhalten habe

ich auch hier eine Menge zu dieser Nichtachtung beigetragen. Es war die gleiche Wechselwirkung wie in der Partnerschaft: Ich schätzte mich und meine Arbeit gering, also wurde auch ich nicht geschätzt.

Im Beruf wie in meiner Partnerschaft: Ich wurde in meiner Art nicht geachtet, strampelte mich aber ab für Lob und Anerkennung. Die Tatsache, für ein bestimmtes Produkt zu arbeiten, war mir wichtiger als mein Wohlbefinden. Äußerlichkeiten hatten einen hohen Stellenwert. Das ist heute vorbei. Durch meine Schwangerschaft war ich gezwungen, Entscheidungen zu treffen, die ich ohne meine Tochter wahrscheinlich nicht so schnell getroffen hätte. Und dafür bin ich sehr dankbar.

Ich hätte mein Leben wahrscheinlich weiter so dahindümpeln lassen. Bis ich vor lauter Frust wer weiß was getan hätte oder einfach krank geworden wäre. Mit der Zeit wurde ich immer lustloser. Sah immer weniger ein, mich gängeln zu lassen, und bekam gleichzeitig ein immer stärker werdendes Gefühl dafür, daß vielleicht gar nicht meine Artikel schlecht waren, sondern einfach zu dem damaligen Zeitpunkt nur nicht richtig für dieses eine von mir so ausschließlich gesehene Produkt. Und daß mich auch die Art und Weise, wie ich mich in den Berufsalltag hatte einbinden lassen, völlig blockierte. Ich hatte weder Mut zu Experimenten, noch konnte ich mich entfalten. Ich beschloß – auch weil ich meine Tochter nicht den ganzen Tag in fremde Hände geben wollte –, als freie Journalistin zu arbeiten. Ein Schritt, der erst einmal sehr viel Mut erforderte. Schlaflose Nächte mit Angstattacken, Selbstzweifeln, aber auch mit der langsam wachsenden Gewißheit: Du mußt dich endlich stellen. Und es zeigte sich schneller, als ich dachte, daß nicht ich schlecht schreibe, sondern daß ich mich an das falsche Produkt geklammert hatte. Nur weil ich ein bestimmtes Bild abgeben wollte: das der erfolgreichen Journalistin, die es so weit gebracht hat, bei dieser Zeitung zu schreiben.

Die berufliche Loslösung war der erste Schritt, um mich aus alten Mustern zu befreien. Immer mehr dahin zu sehen, wer ich bin, was ich bin, was ich fühle, womit es mir gutgeht.

Heute sehe ich meine Schwangerschaft als Beginn meiner Lebensmittekrise an. Einer Krise, die sich über mehr als vier Jahre hinzog und darin gipfelte, daß ich mir nach meiner beruflichen Freiheit auch meine private Unabhängigkeit holte. Das waren vier Jahre mit Höhen und Tiefen, mit Auseinandersetzungen und Depressionen, in denen ich gelernt habe, daß ich die einzige bin, die dafür verantwortlich ist, wie mein Leben verläuft. Daß die Entscheidung, ob es mir gut- oder schlechtgeht, bei mir liegt. Ich habe gelernt, mich nicht mehr von äußeren Rahmen, von fremden Forderungen, die gar nicht zu mir passen, bestimmen zu lassen. Übrigens habe ich seitdem keine Depression mehr.

Kurz nach diesem Prozeß entdeckte ich − es war auch um den 40. Geburtstag herum − die ersten Falten um die Augen. Obwohl es mich berührt hat − von dem allgemeinen Schönheits- und Jugendwahn kann ich mich genausowenig freisprechen wie die meisten Frauen –, konnte ich gut damit umgehen. Ich war in dem Moment froh, daß ich durch meine Krise schon so weit hindurchgegangen war und daß innerlich schon so viel gewachsen war, daß mich diese sichtbar werdende Veränderung des Äußeren nicht mehr dauerhaft in Panik versetzt hat. Es wurde mir einfach überdeutlich, daß das Älterwerden eingesetzt hat. Etwas, was mir bis dahin überhaupt nicht in den Sinn gekommen war. In Gedanken war ich bis dahin ewig jung. Älterwerden, Altern, Alter, alt – Ende. Das war etwas, was mich überhaupt nicht betraf. Mein ganzes Leben war ich einem Noch-mehr, Noch-besser, Noch-höher, Noch-weiter hinterhergelaufen. Und nun plötzlich dieses Innehalten, das erste Zeichen für ein Zurück. Das erste Mal wurde mir bewußt: Es gibt keine Steigerung mehr. Es gibt Grenzen.

Ich entdeckte schließlich, daß der Lebensabschnitt vor den Wechseljahren eine ganz eigene Bedeutung hat, und fand das in Gesprächen mit vielen Frauen, die ich danach befragte, bestätigt. Gemeinsam ist allen: Es findet, ab ungefähr 35, verstärkt ein Selbstfindungsprozeß statt, aus dem Frauen heute gestärkt hervorgehen. Noch vor 15 Jahren war das anders. Da gehörten 40jährige Frauen, wie Simone de Beauvoir es beschrieben hat, plötzlich zu einem »unsichtbaren« Geschlecht.

Ich fing an, mich mit dem Thema zu beschäftigen. Und stieß auf ein zweites Phänomen: 40 wird schöngeredet. Die »tollen Frauen um 40« werden in den Medien und auch in Büchern (Susanna Kubelka: »Endlich über 40«) euphorisch so dargestellt, als gebe es kein schöneres Alter als 40. Das finde ich verlogen, denn die Tatsache, daß sich in der Lebensmitte viel ändert, was oft ziemlich schmerzhaft ist, wird verschwiegen. Abschied ist angesagt, beispielsweise von dem Bild, das man bisher von sich und anderen hatte. Man verliert viel, und Abschied ist mit Schmerz verbunden. Auf der anderen Seite schafft der, der sich von Altem verabschiedet, Platz für Neues: für die Möglichkeit, etwas anderes zu gewinnen, etwas, das ihm angemessener ist.

Auch wird so getan, als gehöre die Krise in der Lebensmitte der Vergangenheit an. Es werden veränderte Erscheinungsformen beschrieben, die Ursachen dafür aber verschwiegen. Die Frau um 40 wird in Illustrierten nur durch die Oberfläche beschrieben: Sie läßt verkrustete Beziehungen hinter sich, entscheidet sich für einen neuen, oft sehr viel jüngeren Mann, startet durch zu einer Karriere, macht sich selbständig, wirtschaftlich unabhängig, bekommt ein Baby, steigt ein, steigt aus, wie es ihr gerade gefällt, und hat die Courage, so zu leben, wie sie sich fühlt.

Zwei Drittel der Frauen um 40 reichen selbst die Scheidung ein. Sie verlassen. Früher wurden sie verlassen.

Der Sex wird schöner, intensiver, ehrlicher. Weil die Frau weiß, was sie will, und es dem Partner sagt. Die 40jährige von heute ist, laut Faith Popcorn, biologisch zehn Jahre jünger als noch vor 15 Jahren, weil sie sich bewußt ernährt, Sport treibt, dafür sorgt, daß es ihr psychisch gutgeht.

Andererseits haben diese Frauen oft so viel Persönlichkeit, daß sie mit ihren Falten selbstbewußt umgehen, statt sie zu vertuschen. Das wiederum gibt ihnen eine Ausstrahlung, die sie alterslos macht. Heute erleben viele Frauen um 40 einen regelrechten Lebenshöhepunkt. Sie grenzen sich ab, bekommen Konturen, Biß, Gesichter. Viele Frauen sagen: Erst jetzt fange ich richtig an zu leben.

Die Generation der heutigen Frauen um 40 ist eine Siegergeneration.

In diesen Bildern finde ich mich durchaus wieder. Was mich stört: Diese Beschreibungen erwecken den Eindruck, als müsse keine Auseinandersetzung mit dem bisherigen Leben stattfinden, als wären die Übergänge selbstverständlich und fließend. Man könnte meinen, heute gebe es nichts Erstrebenswerteres, als »endlich 40« zu werden, weil dann wie von selbst alles besser wird. Weder wird gefragt, woher es kommt, daß Frauen heute anders sind, noch wird gesagt, daß diese Darstellung keineswegs für alle Frauen um 40 zutrifft.

Rein statistisch gesehen sind diese Jahre immer noch gefährliche Jahre, denn für viele kippt das Leben in die andere Richtung. Depressionen und Selbstmordversuche nehmen zu. 70 Prozent aller Suizide werden von lebensmüden Frauen über 40 begangen. In keinem Alter ist die Medikamentenabhängigkeit so hoch. Bei Frauen sehr viel stärker als bei Männern.

Die Krise in der Lebensmitte gehört nicht, wie man vermuten könnte, der Vergangenheit an. Es gibt heute nur andere Formen, mit ihr umzugehen. Psychotherapeuten, Frauengruppen und Selbsthilfegruppen wie »Raupe und Schmetterling« haben regen Zulauf. Mit 40 kommen langsam auch Ahnungen von Einsamkeit, Endlichkeit und die Angst, als unattraktiv empfunden und abgeschoben zu werden, auf. Es ist das Alter, in dem viele Frauen sich mit Kinderlosigkeit abfinden müssen. Die Wechseljahre stehen vor der Tür.

Die Journalistin Marion Schreiber schrieb im »Spiegel«: »Es ist die letzte Phase des Erwachsenwerdens. Konflikte, die in der Pubertät nicht gelöst und jahrelang überdeckt wurden durch Ausbildung, erste Berufserfahrung, Ehe, Kinderkriegen, Kindererziehung, brechen jetzt aus. Die versäumte Ablösung von den Eltern, die mangelnde Selbstbehauptung, aktuelle Verlustängste. Seelische Konflikte äußern sich als Herzbeschwerden, Rückenschmerzen, Schlaflosigkeit, Kreislaufstörungen, Depressionen.«

Das Alter zu akzeptieren fällt um so schwerer, je mehr sich eine Frau über ihre äußerlichen Vorzüge identifiziert hat. Dann nämlich sieht sie sich mit 40 als »welkende Schönheit«. Plötzlich stürzt sie sich panisch in Sport, Bodybuilding, Schönheitsfarmen oder sogar unter das Messer eines Schönheitschirurgen. Die französische Psychoanalytikerin Christiane Olivier schreibt in »F wie Frau«: »Nie zuvor hat eine

Frau soviel Eifer in die Erhaltung ihres Körpers investiert; es ist ein verbissener Kampf, um die Zeichen des Alters so lange als möglich hinauszuzögern.«

In diese Lebensphase fällt auch das »Petra-Pan-Syndrom«. James Matthew Barrie schrieb 1900 das Märchen von Peter Pan, dem Jungen, der nicht groß werden wollte. Davon abgeleitet ist das Petra-Pan-Syndrom. Es bezeichnet Frauen, die ihr Alter nicht akzeptieren können. Gemeint sind die Frauen, die sich mit Gewalt dagegen wehren, ihrem Alter entsprechend auszusehen, und das demonstrieren, indem die Röcke immer kürzer werden, die Ausschnitte immer gewagter, die Frisur immer jugendlicher und die Schminke immer greller. Die Frauen, die sich krampfhaft jugendlicher geben als die eigenen Töchter. Nur orientiert an dem Mädchen, das sie mal waren, und erschreckt von der Frau, die sie äußerlich längst sind.

Die »Midlife-Crisis« trifft die Frauen am härtesten, die auch die zweite Hälfte des Lebens mit den Mustern, Rollen, Schwerpunkten der ersten Lebenshälfte leben wollen. Die für sich selbst keine neue Orientierung gefunden haben.

Die Forschung auf dem Gebiet der verschiedenen Lebensalter ist relativ neu. In unserer Gesellschaft zählen vor allem Jugend und Schönheit. Unsere Zivilisation hat das Wissen, daß alles einem ständigen Veränderungsprozeß unterworfen ist, aus dem Bewußtsein verdrängt: das Wissen, um den natürlichen Rhythmus des Werdens, Seins und Vergehens.

Beachtung fanden bisher der Wechsel vom Säugling zum Kleinkind, von der Kindheit zur Jugend und vom Teen zum Twen. Danach war man dann gleich erwachsen. Alles wurde seltsam gleichförmig. »Älter« war man dann von 40 bis zum Tod.

Inzwischen wird ernsthaft untersucht, ob sich das Erwachsenenalter nicht in viel mehr Abschnitte untergliedert. Man weiß inzwischen, daß auch die Jahre von circa 35 bis zum Tode sehr differenziert zu betrachten sind, sich noch mal in mehrere unterschiedliche Lebensabschnittsphasen unterteilen. Und daß sich die größten Veränderungen heute um die Lebensmitte herum einstellen. Gail Sheehy schreibt in »Mitte des Lebens«: »Die gegenwärtige Forschung ist sich darüber einig, daß der Übergang zur Lebensmitte eine ebenso kritische Phase ist wie das Jugendalter und in mancher Hinsicht noch qualvoller verläuft.«

Bisher wurden der Altersabschnitt, der den Wechseljahren unmittelbar vorausgeht, und die Phase der Wechseljahre in einen Topf geworfen. Meiner Beobachtung nach werden viele Erscheinungen den Wechseljahren zugerechnet, die schon in der Phase vor den Wechseljahren stattfinden.

Das Alter zwischen 35 und 45 hat seine ganz eigenen Gesetze. Frauen erwerben in dieser Phase – schon vor den biologischen Veränderungen, die sich im Körper vollziehen – mehr inneres Gleichgewicht und bilden ihre Persönlichkeit heraus. Viele Frauen in diesem Alter sind in einem inneren Aufruhr, rebellieren, prüfen sich selbst und ihre Lebenssituation. Sie lernen auf die überlebten Ideale der Jugend zu verzichten, ohne zu resignieren. Viele stellen um 40 herum fest, daß die Träume der Jugend nicht zu erreichen sind und angestrebte Ziele nicht verwirklicht werden können. Andere haben alles erreicht und fragen sich, was kommt nun? Es ist eine Zeit der radikalen Überprüfung alter Muster und Werte. Frauen lösen sich von überholten Vorstellungen, üben neues, angemessenes Verhalten ein, durchschauen und hinterfragen persönliche Grundverträge, lassen alte Selbstbilder los. So können sich die bis dahin zurückgedrängten Aspekte der Persönlichkeit entfalten. Es geht darum, sich von Illusionen frei zu machen. Falsche Vorstellungen von den Dingen, vom Leben abzulegen. Und mit 40 sind Frauen heute allemal jung genug, noch einmal ganz von vorn anzufangen. Viele tun es.

Der Psychoanalytiker C. G. Jung lieferte als erster eine gültige Definition für die Zeit in der Lebensmitte und nannte die Zeit um 40 den »Mittag des Lebens«. Bis dahin habe man nach Karriere, Anerkennung durch andere, Eltern, Lehrer, Vorgesetzte gestrebt. Das Leben verläuft einseitig. Der Mensch empfindet jetzt seine schöpferische Tätigkeit als Arbeit an sich selbst. In steigendem Maße auch befreit ihn seine Tätigkeit von krankhafter Abhängigkeit, und er gewinnt damit eine innere Festigkeit und ein neues Vertrauen zu sich selbst. Der Sinn des Lebens wird hinterfragt. Es wird uns bewußt, wie kurz das Leben ist. Der Tod rückt plötzlich ganz nah.

Viele Frauen haben in der ersten Lebenshälfte manches verdrängt, was sie auch hätten tun oder sein können. Während Männer sich fit machen im Konkurrenzkampf und dabei ihr Bedürfnis nach Geborgenheit und Mitgefühl verdrängen, haben Frauen oft als Mütter und Hausfrauen Zärtlichkeit und Aufopferungsbereitschaft ausgelebt. Sind die Kinder groß, entdecken sie, daß noch ungenutzte Tatkraft und schöpferische Energie in ihnen stecken. Psychologen betrachten diesen Lebensabschnitt als denjenigen, in dem Frauen ihr Selbstbewußtsein am stärksten entwickeln.

Die gesellschaftlichen Bedingungen haben sich in den letzten zehn Jahren für Frauen stark verbessert. Ein Wertewandel hat stattgefunden. Berufsrückkehrerinnen sind gefragt. 320 000 sind es, die jedes Jahr nach einer Familienpause wieder an einen Arbeitsplatz zurückkehren. Auch das Frauenbild und der Altersbegriff haben sich gewandelt. Frauen ab 35 – nachhaltig geprägt von einer Beziehung, die eine gute Ehefrau und Mutter zum Ziel hatte – sehen im Loslassen ihrer bisherigen Lebenseinstellungen und Lebensmuster die einzige Möglichkeit, die zweite Lebenshälfte sinnvoll auszufüllen.

Ich habe Frauen darüber interviewt, wie sie ihre Lebensmitte erleben oder erlebt haben. Manche beginnen schon mit 35 stark, ihr bisheriges Leben zu hinterfragen, andere bemerken erst mit 45, daß sich etwas ändert. Bei jeder Frau ist der Auslöser ein anderer. Entweder gehen die Kinder aus dem Haus, der

Partner nimmt sich eine andere, oft jüngere Frau, andere werden durch eine ausbrechende Krankheit in ihren bisherigen Lebensmustern verunsichert, wieder andere bekommen sehr spät ein Baby, das ihr bisheriges Leben über den Haufen wirft. Und es gibt Frauen, die sich einfach mit ihrem bisherigen Trott nicht mehr zufriedengeben wollen.

Gemeinsam ist allen Frauen, daß sie etwa in der Lebensmitte entdecken, wer sie selbst sind, was sie wollen und welche Art von Leben ihnen am ehesten gerecht wird. Das kann sie dazu bringen, ihr ganzes bisheriges Leben über Bord zu werfen und sich von Beruf, Mann, Familie zu trennen. Es gibt aber auch Frauen, die sich innerhalb ihrer Familie, ihres Berufes, ihres bisherigen Lebens neu einrichten. Sie behalten den Rahmen, aber ändern die Bedingungen. Sie lernen, Grenzen zu setzen. Nein zu sagen, sich mehr Raum und Zeit zu nehmen. Neuorientierungen in der Lebensmitte haben nicht zwangsläufig große Revolutionen zur Folge, oder, wie eine der interviewten Frauen es ausdrückte, man muß keine Bombe hochgehen lassen. Oft bewirken kleine Veränderungen Wunder.

Eines steht auf jeden Fall fest, alle Frauen, die sich den Veränderungen in der Mitte ihres Lebens stellen, statt sie zu verdrängen, gehen als gestärkte Persönlichkeiten daraus hervor. Jede Frau verliert zwar die glatte äußere Hülle der Jugend, aber diese Frauen gewinnen auch viel.

Häppchenschizophrenie

Hertha schuftet in der Küche, Horst genießt die Lektüre eines Buches im bürgerlichen Wohnzimmer.

HERTHA *(ruft aus der Küche):* Horst?

HORST: Ja, Hertha.

HERTHA *(freudig):* Soll ich dir ein paar Häppchen machen, Horst?

HORST: Häppchen? Ach, ich weiß nicht, Hertha.

HERTHA: Du hast doch gewiß Hunger, Horst.

HORST: Es geht.

HERTHA: Hast du keinen Hunger?

HORST: Eigentlich nicht.

HERTHA: Und wie wäre es mit ein paar Roastbeef-häppchen?

HORST: Roastbeef?

HERTHA: Du ißt doch so gerne Roastbeefhäppchen.

HORST: Da kann man allerdings wirklich nicht nein sagen.

HERTHA: Dann mache ich dir jetzt ein paar Häppchen, ja?

HORST: Ist gut, Hertha.

HERTHA *(plötzlich gereizt):* Aber irgendwann möchte ich heute auch einmal hinaus in die Sonne, hörst du?

HORST: Aber Hertha!

HERTHA: Ich habe es satt, bei diesem herrlichen Wetter andauernd in der Küche zu stehen.

HORST: Aber du fragtest mich doch gerade, ob ich ein paar Häppchen möchte. Ich meine, kein Mensch zwingt dich.

HERTHA: Meinst du, das nehme ich dir ab?

HORST: Ich wäre doch nie auf die Idee gekommen, dich jetzt um Häppchen zu bitten.

HERTHA: Tu doch nicht so. Ich weiß doch, wie verrückt du auf Häppchen bist.

HORST: Hertha!, es ist mir tausendmal lieber, wenn du zufrieden in der Sonne sitzt, als wenn du nervös in der Küche stehst.

117

HERTHA: Meinst du, Häppchen machen sich von selbst?

HORST: Natürlich nicht.

HERTHA: Na also.

HORST: Diese blöden Häppchen verderben uns noch den ganzen Tag.

HERTHA *(kommt hinzu):* »Blöde Häppchen?!« Sagtest du »blöde Häppchen«?

HORST: Ich meine ja nur, du sollst dich nicht verrückt machen, Hertha.

HERTHA: Wenn hier jemand jemanden verrückt macht, dann bist du es doch.

HORST *(verliert allmählich die Ruhe):* Ich? Wieso denn ich?

HERTHA: Also möchtest du jetzt noch ein paar Häppchen oder nicht!?

HORST: Ich sage doch nein beziehungsweise ja.

HERTHA: Es ist immer das gleiche. Du kannst dich nicht entscheiden.

HORST: Ich habe mich doch längst entschieden!

HERTHA: So? Für was denn?

HORST: Ich habe mich dafür entschieden, daß... Ach, jetzt weiß ich es auch nicht mehr.

HERTHA: Mein Gott, du wirst doch wissen, ob du Hunger hast oder nicht!

HORST: Nein. Nein, nein, nein!

HERTHA: Werde doch nicht immer gleich so emotional.

HORST: Ich werde doch nicht emotional!

HERTHA: Du schreist hier herum.

HORST:	Du machst einen ganz krank mit deinen Häppchen!
HERTHA:	Ich bitte dich. Du wirst doch wegen ein paar Häppchen nicht die Nerven verlieren.
HORST:	Es geht doch nicht um die Häppchen, mein Gott!
HERTHA *(jetzt ganz ruhig, »logisch«):*	Aber worum soll es denn sonst gehen?
HORST:	Es geht darum, daß du, daß ich, daß... ich gebe es auf.
HERTHA:	Wenn du so weitermachst, mußt du noch einmal in eine Anstalt.
HORST:	Erst machst du einen verrückt mit deinen Häppchen, dann willst du in die Sonne, und zum Schluß soll ich in eine Anstalt!
HERTHA:	Ich möchte wirklich wissen, was du hast.
HORST:	Ich kann nicht mehr.
HERTHA *(gelassen):*	Wenn du dich einmal bemühen würdest, sachlich zu bleiben, würde es dir besser gehen, Horst.
HORST:	Ich? Sachlich? Das ist ja noch schöner!
HERTHA:	Ja, du, wer denn sonst? Jetzt atme einmal tief durch und sage dir, ich bin ganz ruhig, ich bin ganz ruhig.
HORST *(genervt):*	Ich bin ganz ruhig, ich bin ganz ruhig.
HERTHA *(souverän):*	Gut. Und nun beantworte mir bitte folgende Frage, Horst: Möchtest du nun noch ein paar Häppchen oder nicht?
HORST:	Hilfe!

119

Na also, warum nicht gleich so! Dann
mache ich dir jetzt ein paar Häppchen.
(Wieder die alte.) Aber das eine sage ich dir,
wenn es morgen wieder so schön ist, stehe
ich nicht den ganzen Tag in der Küche, das
kannst du mir glauben!

MASCHA KALÉKO

»Die Leistung der Frau in der Kultur«

(Auf eine Rundfrage)

Zu deutsch: »Die klägliche Leistung der Frau«.
Meine Herren, wir sind im Bilde.
Nun, Wagner hatte seine Cosima
Und Heine seine Mathilde.
Die Herren vom Fach haben allemal
Einen vorwiegend weiblichen Schatz.
Was uns Frauen fehlt, ist »Des Künstlers Frau«
Oder gleichwertiger Ersatz.

Mag sie auch keine Venus sein
Mit lieblichem Rosenmund,
So tippt sie die Manuskripte doch fein
Und kocht im Hintergrund.
Und gleicht sie auch nicht Rautendelein
Im wallenden Lockenhaar,

So macht sie doch täglich die Zimmer rein
Und kassiert das Honorar.

Wenn William Shakespeare fleißig schrieb
An seinen Königsdramen,
Ward er fast niemals heimgesucht
Vom »Bund Belesner Damen«.
Wenn Siegfried seine Lanze zog,
Don Carlos seinen Degen,
Erging nur selten an ihn der Ruf,
Den Säugling trockenzulegen.

Petrarcas Seele, weltentrückt,
Ging ans Sonette-Stutzen
Ganz unbeschwert von Pflichten, wie
Etwa Gemüseputzen.
Doch schlug es Mittag, kam auch er,
Um seinen Kohl zu essen,
Beziehungsweise das Äquivalent
In römischen Delikatessen.

Gern schriebe ich weiter
In dieser Manier,
Doch muß ich, wie stets,
Unterbrechen.
Mich ruft mein Gemahl.
Er wünscht, mit mir
Sein nächstes Konzert
Zu besprechen.

ELFRIEDE HAMMERL

Wider die Natur

Über den Unterschied zwischen stolzen greisen Vätern und egoistischen überreifen Müttern

Kürzlich bekam in London ein 65jähriger Zwillinge, aber das ist noch gar nichts gegen den 79jährigen Italiener, der – dank der Samenzellenspende eines jungen Tennislehrers – stolzer Vater von Drillingen wurde. Beachtlich auch der 80jährige Deutsche, der in den letzten zehn Jahren sieben Kinder zeugte, nachdem ihm ein Herzschrittmacher, eine neue Niere und eine künstliche Prostata eingepflanzt worden waren. Und dann der ehedem berühmte Leinwandheld! Drei Lungeninfarkte, galoppierender Gedächtnisschwund – und nun, nach einer Frischzellenkur, ein frischer Anfang mit einer neuen Liebe: Stolz lacht der Veteran aus den Illustrierten, seinen neugeborenen Sohn im Arm, den er wieder beugen kann, seit er das arthritische Ellbogengelenk gegen eins aus Titan und Mikrofaser tauschen ließ.

Jaja, der moderne Mensch vermag der Natur so manches Schnippchen zu schlagen.

Es fragt sich freilich, wie verantwortungsbewußt Männer handeln, die im Großvateralter unbedingt noch Vater werden wollen. Ist ein tappernder Greis wirklich der richtige Umgang für einen Vierjährigen? Wie gut ist eine Grundschülerin mit einem Papi bedient, der gerade dabei ist, das Lesen und Schreiben wieder zu verlernen? Möchten halbwüchsige Kinder in den Ferien nicht lieber campen, statt den Daddy zu Thermalkuren und Schlammpackungen zu begleiten? Hat ein Mann im, sagen wir, vorletzten Abschnitt seines Lebens noch Verständnis für den ersten Liebeskummer?

Man wird doch mal fragen dürfen.

Kinderlieb? Das kann schon sein, aber müssen die Herren deshalb unbedingt eigene haben? Sollen sie halt jungen Familien helfen! Babysitten, backen, stricken, Geld schenken – die Möglichkeiten, Kindern Gutes zu tun, sind zahlreich. Es produzieren ja die betagten Väter sozusagen vorsätzlich Waisen. Die Wahrscheinlichkeit, rüstige 120 zu werden, ist doch gering. Darum...

Wie? Was? O Gott, ja. Die falsche Schiene. Wie konnte mir das nur passieren!

Nicht die alten Väter sind verdächtig, sondern die alten Mütter! Die immer älteren »jungen« Mütter sind der lebendige Beweis für die Fragwürdigkeit des medizinischen Fortschritts! Die Erstgebärende am Rande des Klimateriums handelt verantwortungslos! Die alten Weiber sollen anderen behilflich sein mit Babysitten, Backen und Stricken – nicht die alten Männer.

Alte Erstzeugende sind Teufelskerle. Das hat eine lange Tradition. Frischgebackene Väter im Silberhaar verdienen Bewunderung. Ihre Lebenserwartung ins Spiel zu bringen, gehört sich nicht. Vergessen Sie das mit dem tappernden Greis. Setzen Sie statt seniler

Papi senile Mutti ein. Lesen Sie »Frau im letzten Lebensabschnitt« statt »Mann im vorletzten«! Okay? Okay.

Also: Kein Wort gegen überreife Väter. Die sind was Tolles, denn sie fügen der Vitalität einer jugendlichen Mutter die Weisheit ihrer Lebenserfahrung hinzu. Und heraus kommt sicher ein besonders gelungenes Kind, das immerhin gute Aussichten hat, seinen Erzeuger bis zum Kindergartenalter zu erleben.

Überreife Mütter hingegen sind egoistische alte Schachteln, die nicht in Würde vor ihrem Körper kapitulieren können.

Sehen Sie den reizenden weißbärtigen Herrn dort drüben? Ist es nicht rührend, wie er mit seinem Töchterchen spielt? Nicht sein Töchterchen? Sein Enkelkind? Ach. Und die Mutter des Kindes schon 43? Also – das grenzt an Perversion.

Elsa Morante

Donna Amalia

Donna Amalia Cardona (die damals etwa fünfzig Jahre alt sein mochte, aber wie fünfunddreißig aussah) war nicht nur größer als der Durchschnitt der Damen, sondern auch größer als die mittelgroßen Männer, so daß man sie in den Salons und im Theater, in welcher Gesellschaft sie sich auch immer befand, wie einen Turm emporragen sah. Hinzu kommt noch, daß sie stets Schuhchen mit dünnen und sehr hohen Absätzen trug, um ihre Füßchen besser zur Geltung zu bringen, die im Gegensatz zu ihrer Statur klein waren wie Puppenfüße. Ihre Schuhchen sahen eher so aus, als stammten sie aus der Werkstatt eines Goldschmieds als aus der eines Schuhmachers; und sie kamen weder mit Staub noch mit Schlamm in Berührung, weil Donna Amalia, ähnlich wie die altchinesischen Damen, nirgends sonst als im Inneren ihres Palastes zu Fuß ging; am liebsten wäre sie eine Päpstin gewesen, um das Recht zu haben, sich in einer Sänfte tragen zu lassen, selbst durch ihre Gärten und Zimmer. Es erschien ihr wie ein Verstoß gegen die Natur, ihre Füßchen oder ihre Händchen, die ebenfalls winzig waren, einer Anstrengung zu unterziehen; sie waren nur dazu da, schön zu wirken wie die Geranien auf einer Loggia.

Obschon Donna Amalia so träge war, wurde sie nicht übermäßig dick wie viele andere Damen ihres

Alters. Ihre nicht zu rundlichen Glieder hatten eine sehr edle Form, und ihr Knochenbau war so kräftig unter dem zarten Fleisch, daß sie wie eine heilige Riesin aussah, eine bemalte Statue in der Prozession. Die Farbe ihrer Haut war olivbraun, und der ziemlich kleine Kopf mutete, wegen der ausgeprägten Adlernase, im Profil ein wenig raubvogelhaft an. Wenn man sie aber von vorne sah, rührte sie einem das Herz: Ihre Augen nämlich, die unter den tiefschwarzen und beinahe allzu dichten Brauen von zartem Oval und glänzender, samtschwarzer Farbe waren, spiegelten Gedanken von einer solch tröstenden Fröhlichkeit wider, daß es einem, wenn man in sie hineinsah, vorkam, als höre man zwei Vögel sich miteinander unterhalten.

Der Grund, weshalb Donna Amalia nicht allzu dick wurde, war der, daß in ihrem Innern noch immer, ohne sich zu verbrauchen, jener Feuereifer brannte, den ein weibliches Wesen gewöhnlich nur kennt, solange es ein kleines Mädchen ist, und der dann in der Jugend gezügelt wird und im erwachsenen Alter schließlich vergeht. Donna Amalias Gefühle und Gedanken waren stets in Bewegung, stets hellwach, und selbst im Schlummer beruhigten sie sich nicht; ja, ihr Schlaf war ein solches Schauspiel von Träumen, daß sie sich, wollte man sie erzählen, anhören würden wie die Geschichten aus »Tausendundeiner Nacht«.

Das Geheimnis von Donna Amalias Wesen bestand darin, daß sie, im Unterschied zu den gewöhnlichen Leuten, den Ereignissen des Lebens, auch den alltäglichsten gegenüber, niemals jene Gewöhnung annahm, aus der Gleichgültigkeit und Langeweile entstehen. Zeigt man einem Kind einen Leuchter mit brennenden Kerzen, so wird es die Augen aufreißen, die Hände danach ausstrecken und sich freuen, als sähe es ein Wunder der Natur. Mit der Zeit aber wird es sich an die Gaben des Lebens gewöhnen, und später wird ihm nur noch etwas ganz Besonderes Bewunderung und Freude entlocken können. Nicht so für Donna Amalia; für sie blieb die Welt immer neu: ein Operntheater, das stets geöffnet war und in dem sämtliche Lichter brannten. Gibt es zum Beispiel etwas Gewöhnlicheres und sieht man irgend etwas häufiger als die Sonne und den Mond? Donna Amalia aber geriet bei jeder Sonne und bei jedem Mond in Begeisterung, wurde neugierig und quälte sich vor Verlangen, als sehe sie das Gefolge der König von Saba vorüberziehen. Am Morgen, wenn ihre Fenster geöffnet wurden, begann sie von ihrem Bett aus (sie schlief auf drei hohen Federkissen, so daß es aussah, als sitze sie mit ihren hübschen »Rabenflügel-Löckchen« und ihrem Spitzennachthemd auf einem Thron) sehnsüchtig und wie bezaubert zu rufen: »Ach, was für eine Sonne! Santa Rosaliuzza mia, was für eine Sonne! Mach alle Fensterläden auf, mach sie auf, Antoniuccia, zieh die Vorhänge zurück! Ach, selige Jungfrau von Karmel, schaut euch das an! Hat man je eine solche Sonne gesehen! Ich muß die Augen schließen, mir wird fast schwindlig. Das ist keine Sonne, das ist ein Schatz, eine Goldgrube! Wenn man die Hände hineinhält, sieht es aus, als müßten sie sich mit Goldmünzen füllen. Was sagt man denn nur? Die Entfernung von hier bis zur Sonne soll so groß sein, daß man sie nicht einmal in Kilometern messen kann, sondern nur in Jahren! Und es heißt, selbst wenn Methusalem sein ganzes Leben dazu verwendet hätte, zum Himmel hinaufzusteigen, ohne sich je auszuruhen, wäre er doch nicht angekommen, obwohl er so ein Dickkopf war!«

In der ersten Zeit des abnehmenden Mondes konnte es vorkommen, daß Donna Amalia mitten in tiefer Nacht mit lautem Geklingel ihre Lieblingsstubenmädchen aufweckte, die für ihre ganz persönliche Bedienung zuständig waren (es waren drei; sie hießen Medina, Cristina und Antoniuccia). Wenn sie dann, mit bloßen Füßen tappend, herbeiliefen, nur notdürftig bekleidet und ungekämmt, fanden sie ihre Herrin in heiterer Verzückung. »Ach, meine lieben Töchterchen«, sagt sie, »kommt alle her zu mir. Ich kann nicht mehr schlafen. Seht ihr nicht, was für ein Mond am Himmel aufgegangen ist? Als wir uns schlafen legten, war er noch nicht da, und draußen war Dunkelheit wie in einer Höhle; und mit einemmal wache ich auf, und was sehe ich? Der Mond ist aufgegangen! Ein Mond, wie man noch nie einen gesehen hat! Das ist gar kein Mond, das ist eine Sonne! Schaut euch die Luft an: Das ist gar keine Luft, das ist ein Spiegel! Wenn man hinaussieht in diesem Abend, ist es, als spiegele man darin sein Gesicht. Ach, Maria Santissima, madruzza mia dolce, was ist das für ein wunderschöner Mond, der da durch den Himmel dahinzieht wie ein Schifflein durchs Meer! Seht nur, wie weiß er ist! Was für eine schneeweiße kleine Gestalt er hat! Wie wunderschön! Schau ihn dir genau an, Medina, du mußt ihn besonders gut sehen können, denn du hast grüne Augen wie die Katzen. Wenn man in den Mond hineinblickt, sieht man darin so etwas wie Zeichnungen und Flecke. Man sagt, sie seien das Bild der Dornenkrone und die Nägel vom Kreuz Unseres Herrn. Aber manche sehen darin zwei Verlobte, die sich küssen, und andere ein Gesicht, das lacht. Und was siehst du darin?«

Mit vor Schläfrigkeit halb geschlossenen Augen blinzelte Medina den Mond an und sagte: »Ja, Eccellenza...«

»Was soll das heißen ›ja, Eccellenza!‹ Ich frage dich, was du darin siehst!«

»Das sind wahrhaftig die Marterwerkzeuge Unseres Herrn, Eccellenza.«

»Und du Cristina, was siehst du? Was erkennst du darin?«

Cristina betrachtete aufmerksam den Mond und wußte nicht, was sie antworten sollte. Aber da fiel die Jüngste, Antoniuccia, obwohl sie nicht gefragt war, ins Gespräch ein:

»Ich muß Euch etwas sagen, Eccellenza. Ich schau mir den Mond immer an und hab ihn wohl schon mehr als tausendmal gesehen, sogar ganz aus der Nähe, oben von einem Berg aus. Und diese Figuren da, von denen Ihr sprecht, pah, die bedeuten überhaupt nichts für mich. Mir kommt das alles bloß vor wie ein Gekleckse.«

»Salomon hat gesprochen! Weise, Astronomen, Geistliche zu Tausenden haben diese Zeichnungen auf dem Körper des Mondes studiert; sie haben dabei ihre Augen verdorben, ihre Instrumente abgenutzt, sie haben Tonnen von Büchern darüber gedruckt! Und der eine erklärt sie auf diese, der andere auf jene Weise: Es bleibt ein Geheimnis! Aber da kommt auf einmal die Signorina... Soundso daher... wie heißt du eigentlich mit Nachnamen?«

»Antoniuccia.«

»Bravo! Ausgezeichnet! Soviel habe ich auch schon selbst gewußt! Nicht nach dem Taufnamen habe ich dich gefragt, sondern nach dem Nachnamen. Ich kann doch nicht alle eure Nachnamen im Gedächtnis behalten.«

»Ach, Verzeihung, Eccellenza. Mit Nachnamen heiße ich Altomonte. Altomonte, Antoniuccia.«

»...da kommt als die Signorina Altomonte und straft sie alle miteinander Lügen durch ein einziges Wort: Diese Figuren sind Kleckse und bedeuten gar nichts! Willst du wissen, was du bist, Antoniuccia? Ein Struwelkopf!«

Bei diesen letzten Worten errötete Antoniuccia: »Verzeihung, Eccellenza«, stammelte sie, »als ich Eure Glocke hörte, bin ich so schnell hierher gerannt, daß ich nicht einmal mehr Zeit hatte, mich zu käm-men«, und mit einem verlegenen Lächeln versuchte sie, sich mit den Fingern die Haare glattzustreichen.

Aber Donna Amalia beschäftigte sich schon nicht mehr mit ihr; ihre Augen schauten wieder den Mond an und waren nachdenklich geworden: »Eigenartig!« sagte sie mit einem Seufzer. »Wenn man ihn von hier aus betrachtet, scheint er gar nicht so weit weg zu sein. Man sagt ja, daß dieser... wie hieß er noch, der da unten in Albergheria? Der Balsamo, der Graf Cagliostro! Er soll ja auf den Mond geflogen sein, wie man sagt. Medina! Du hast doch eine Verwandte des Grafen Cagliostro gekannt, nicht wahr? Hast du mit ihr gesprochen?«

»Ja, Eccellenza, ich habe sie gekannt. Sie heißt Vittorina. Ihre Großmutter war die Tochter von einer Frau, die bei der heiligen Taufe des Grafen Cagliostro Gevatter gestanden hat. Ja, Eccellenza, ich hab mit ihr gesprochen.«

»Und hast du dir etwas erzählen lassen von dieser Reise auf den Mond? Wie er dahin gekommen ist, dieser Christenmensch? Und was er da alles gesehen hat?«

»Wirklich, Eccellenza, über diese Reise, von der Ihr sprecht, habe ich sie gar nichts gefragt.«

»Schafskopf! Das wäre das erste gewesen, was du hättest fragen sollen!«

»Um die Wahrheit zu sagen, Eccellenza, ich habe überhaupt nichts gefragt. Es kam mir nicht sehr schicklich vor zu fragen, denn manche Leute sagen, dieser altertümliche Herr sei der Teufel gewesen. Es schien mir nicht anständig, nach ihm zu fragen. Vittorina hat mir von selbst, ohne daß ich gefragt habe, von ihm erzählt. Sie sagte mir, er sei ein großer Zauberer gewesen und habe das Geheimnis gewußt, wie man Gold machen kann.«

»Diesem Cagliostro hat es wahrhaftig Spaß gemacht, seine Zeit zu vergeuden! Als ob sich das lohnte, sich mit einer solchen Erfindung verrückt zu machen! Was mich betrifft, so überlasse ich das Geheimnis Gold zu machen lieber dem Herrgott, der in sieben Tagen den Himmel und die Erde fabriziert hat mit allen Sternbildern und Goldgruben, und um die Geschöpfe entstehen zu lassen, brauchte er nur einen Hauch seines Atems, wie um ein Feuer anzublasen. Wenn jemand Gold haben will, soll er doch zum Goldschmied gehen, da findet er es fix und fertig, und sogar noch aufs schönste verarbeitet. Aber die Geheimnisse des Mondes auszukundschaften! Wahrhaftig, das war eine Wundertat! Hör zu, Medina, ich kann es kaum erwarten, bis es Morgen ist. Ich hab eine Ungeduld, daß ich die Minuten verschlingen möchte. Ich hab nämlich beschlossen, daß du mich morgen zu dieser Vittorina führen sollst, und dann lassen wir uns alles erzählen.«

»Ihr wollt zu ihr gehen? Verzeiht, wenn ich mir erlaube, das zu sagen, aber Ihr würdet schlecht dahin passen, Eccellenza. Sie kommt einem vor wie ein ganz bescheidenes, einfaches Frauchen; man würde überhaupt nicht meinen, daß sie die Verwandte eines Grafen ist. Sie wohnt in einem engen Gäßchen oben auf einem kleinen Berg voller Kaktusfeigen, auf den Euer Wagen gar nicht hinauffahren kann. Ihr werdet verzeihen, wenn ich unverschämt bin, aber das ist wirklich nichts für Euch, Eccellenza; und innen im Hause sieht es aus wie bei Zigeunern. Da ist nur ein einziger Stuhl, der hängt oben an der Decke, und die Leute sitzen auf dem Fußboden. Aber was am meisten auffällt, verzeiht Eccellenza, das ist der schlechte Geruch!«

»Ah, was kann das schon für ein Geruch sein! Wohl immer noch ein christlicher Geruch! Hör jetzt gut zu, Medina, welches morgen der erste Befehl für dich ist: Sobald du aufwachst, sollst du auf den kleinen Berg hinaufgehen und diese Vittorina zu mir bringen. Und dann soll sie uns erzählen! Aber jetzt zu Bett, meine Töchterchen. Antoniuccia, zieh mir die Kissen zurecht. Wir haben uns hier gut unterhalten, und bei diesem Mondschein kam es uns vor, als sei heller Tag. Aber jetzt ist der Schlaf wiedergekommen. Ach, wie ich gähnen muß, mir scheint, ich werde ein Tiger. Gute Nacht, geht nun... gute Nacht. Ach, mir fallen die Augen zu, wie gut es tut zu schlafen. Ich habe so ein Gefühl, als ob ich vom Grafen Cagliostro träumen werde!«

Donna Amalia, diese vornehme Dame, hatte Reisen gemacht, war in der Welt herumgekommen, und doch glich sie in manchen Augenblicken den armen Barbarinnen der Wüste, die nie das geringste gesehen haben. Und wenn ein Reisender ihnen ein Stückchen Glas zeigt, das in der Sonne glitzert, dann geraten sie in Verzückung und strecken die Hände aus, um es zu besehen. Natürlich liebte Donna Amalia Gold, Silber und Edelsteine und besaß viele Schreine und Kästchen, die so voll davon waren, daß sie eine Königin hätten beschämen können. Trotzdem, außer den echten Juwelen gefielen ihr ebenso gut auch die falschen, die meistens nur einem unwissenden Kinde, einer Bäuerin oder einem einfachen Dienstmädchen Freude machen können. Aber was Donna Amalia anzog, war nicht der Wert der Gegenstände, sondern weit eher ihre Wirkung, das Vergnügen, das sie ihr bereiteten, wenn sie sie betrachtete oder an sich trug. Und da sie, um die ganze Wahrheit zu sagen, immer halbwegs eine Analphabetin geblieben war und denselben ungebildeten Geschmack behalten hatte wie damals, als sie ein armes Mädchen war, konnte ihr der Krimskrams eines Hausierers genauso gut gefallen wie der Schatz des Großwesirs. Sie brachte es fertig stehenzubleiben, um einen kleinen Handkarrren auf dem Jahrmarkt so aufmerksam zu betrachten, als stünde sie vor einem Schaufenster in Paris. Zur Zeit der Jahrmärkte des Dreikönigsfests oder irgendwelcher anderer Feste ließ sie in den Stunden, in denen am wenigsten Gedränge war, das Auto am Eingang des Platzes anhalten; und ganz langsam spazierte sie mit ihren kleinen Füßchen vor den Buden und Karren auf und ab; und immerzu leuchteten ihre Augen, und sie wollte dieses und jenes haben, so daß zwei Diener nicht ausreichten, um alle ihre Einkäufe zu tragen. Und wenn sie dann nach Hause kam, war sie ganz ungeduldig, bis sie die Geschenke, die sie sich gekauft hatte, wieder anschauen konnte. Kaum hatte sie das Vorzimmer betreten, kramte sie die Sachen auch schon auf die Marmorkonsole und lachte vor Vergnügen; erregt und neugierig probierte sie vor dem Spiegel die Ohrgehänge aus buntem Glas, die Perlenarmbänder und die Halsketten aus Haselnüssen oder bemaltem Holz. Wenn sie sich dann zu irgendeiner Einladung begab, war sie imstande, ihre Brillanten zu Hause zu lassen und sich mit einer Kette aus Haselnüssen oder getrockneten Kastanien zu schmücken, die ihr an diesem Abend am allerschönsten zu sein schien. Sie tat es aus Unwissenheit, aus Liebe zu Pracht und Herrlichkeit und aus Leichtsinn des Herzens. So hoch war ihr Ansehen unter den Damen der Stadt, daß, wenn Donna Amalia eines Abends mit einer Kette aus getrockneten Kastanien erschien, es ihr am nächsten Abend zehn Damen nachmachten, Brillanten und Smaragde zu Hause ließen und in den Theatern und Salons mit Geschmeide aus getrockneten Kastanien prunkten. Nun konnte es freilich geschehen, daß die getrockneten Kastanien, die an Donna Amalia so kostbar wirkten wie Diamanten, an den anderen Damen ganz und gar nur wie getrocknete Kastanien aussahen.

Das Leben Donna Amalias war nicht frei von Verdruß. Wir haben schon gesagt, daß sie sich ein kindliches Herz bewahrt hatte; und wie es Kindern eben geht, begnügte sie sich nicht immer damit, die Dinge nur zu bewundern, welche die Ehre hatten, ihr zu gefallen, sondern oft hätte sie diese, aller Vernunft zum Trotz, gern selbst besessen. Und wenn etwas, in das sie sich verliebt hatte, durchaus nicht zu haben war – wie zum Beispiel die Alhambra oder die Schätze des chinesischen Kaisers –, dann verging Donna Amalia vor Verlangen und Qual. Nicht daß sie so unvernünftig gewesen wäre, die Sinnlosigkeit einer solchen Qual nicht einzusehen; ja meistens lachte sie bei solchen Gelegenheiten sogar selbst ganz toll über ihre eigenen Launen. Aber wenn sie auch lachte, vermochte sie doch ein bitteres Gefühl der Auflehnung und fast des Widerwillens nicht zu vertreiben. Verhaßt war ihr der Gedanke, daß, sofern nicht irgendein unvorhergesehenes, von ihr unabhängiges, umwälzendes Ereignis eintreten sollte, sie, solange sie lebte, niemals als Herrin in jenen schönen Höfen der Alhambra spazierengehen könne oder daß sie sich nie mit den phantastischen Armreifen der altehrwürdigen chinesischen Herrscherin werde schmücken können. Die Unmöglichkeit erregte und beunruhigte sie. Und es blieb ihr kein anderer Trost, als sich auszumalen oder vielleicht auch nachts zu träumen, sie würde ihren Gatten Don Vincente mit ihrem Lächeln dazu bewegen, sich an die Spitze einer Schar von wagemutigen Streitern zu stellen, um die Alhambra zu erstürmen; oder aber sie träumte, sie würde sich selber in den Schatzsaal in Peking einschleichen und nach Überwältigung der Wächter jenes Geschmeide rauben, das dort wie ein Heiligtum unter Glas aufbewahrt wird. Dann würde sie es am Busen verstecken und atemlos wieder in ihren Tragsessel steigen, in dem man sie, über die Große Mauer flüchtend, in Sicherheit bringen würde.

Solcherlei vorübergehende Melancholien Donna Amalias waren für Don Vincente, ihren Gatten, das einzige Kreuz gewesen. Die höchste Liebe dieses Hidalgo und sein immerwährendes Entzücken bestanden nämlich darin, in Donna Amalia kindliche Glückseligkeiten zu erwecken, immer wieder zu betrachten und zu erhalten. Und wir können ihn gewiß begreifen. Gibt es ein anmutigeres, tröstlicheres Schauspiel als kindliche Seligkeit? Und welch größeres Glück gibt es, als eine solche Art von Seligkeit in dem geliebtesten Menschen, der eigenen Frau, zu entfachen? Mit der hingebenden Höflichkeit der spanischen Kavaliere pflegte jener edle Katalonier seine Donna Amalia wie einen Rosenstrauch; er liebkoste sie wie eine müßige, leidenschaftliche Katze aus Persien; er bot ihr die würdigsten Schauspiele der Erde, wie es ein König tut, der einen anderen König zu Gast hat; und er brachte ihr seine Huldigungen und Geschenke dar wie einer Heiligen. Bei jeder neuen Gabe errötete die liebe Donna Amalia, lachte und bebte wie bei seinem ersten Geschenk, an dem Tage, als sie von ihm den Verlobungsring empfangen hatte. Es war der erste goldene Ring, den sie besaß, denn bis dahin war sie so arm gewesen, daß sie sich mit knapper Not nur ein Messingringlein hatte kaufen können beim Fest der Heiligen Rosalia. Es braucht nicht erst gesagt zu werden, daß Don Vincente das Aufkeimen der Wünsche im Herzen Amalias überwachte, gleich einem Knaben, der ein Paradiesvögelchen aufzieht; bei jedem Piepsen seines Lieblings fragt er sich mit besorgtem Gemüt: »Um was möchte er mich wohl bitten? Was könnte ihm fehlen?«

Doch es mochte auch vorkommen, daß Vincente trotz all seinem Bemühen, Amalia zufrieden zu stellen, nicht zu ihr sagen konnte: »Señora, è vuestro!«

Dies war Don Vincentes Kummer; aber Donna Amalia versuchte, ihm ihre Betrübnis zu verbergen, um ihn nicht zu verbittern, wenn sie von einem hoffnungslosen Verlangen nach irgend etwas ergriffen war. Von diesem kleinen Schatten abgesehen, wird kein Ehemann sich so glücklich nennen können wie Vincente. Man weiß in der Tat, daß die Gewöhnung an die Wohltaten der Welt, die das Leben bald langweilig macht, eher die Reichen als die Armen heimsucht, denn sie sind an sehr viele Annehmlichkeiten gewöhnt, die für die anderen eine Seltenheit sind. Darum ist ein sehr reicher Ehegatte ein unglücklicher Mensch, weil mit jedem vorübergehenden Tag sich das für ihn verringert, was eine der allersüßesten Befriedigungen für einen Ehemann ist: nämlich mit schönen Geschenken die eigene Gattin zu erfreuen und zu feiern; denn für eine gewöhnliche Frau, auch wenn sie in Armut aufgewachsen ist, bedeutet der Reichtum bald nichts Besonderes mehr; und rasch kommt der Tag, an dem für sie ein Rubin etwas Alltägliches, Unbedeutendes ist, etwa wie eine Apfelsine für die Tochter eines Bauern.

Doch zu unserem Glück war Donna Amalia keine gewöhnliche Frau. Und es ist nicht möglich, Worte zu finden, die würdig wären, auszusprechen, welches Vergnügen, welche Erregung, welch ein immerwährendes Fest das Leben an ihrer Seite für ihren Gatten war. Durch einen Zufall war er vor ungefähr vierunddreißig Jahren in Palermo abgestiegen; dort hatte er Donna Amalia, die damals ein armes Mädchen von fünfzehn Jahren war, kennengelernt und, toll vor Seligkeit, in der Martoranakirche zum Altar geführt. Es war ein Hochzeitsfest, das später zu einem der Märchen von Palermo wurde.

Eigentlich waren es zwei gewesen, die Amalia zur Frau begehrt hatten: Don Vincente und ein Freund von ihm, Don Miguel, der mit ihm zusammen nach Palermo gekommen war und gemeinsam mit ihm Amalia kennengelernt hatte. Kaum hatten sie ihre Bekanntschaft gemacht, als alle beide beschlossen: »Amalia oder den Tod.« Was Amalia betrifft, so hatte sie der beiden Männer wegen ein paar verzweifelte Tage verbracht, an denen sie nichts anderes tun konnte als weinen, denn sie wußte nicht, welchen sie wählen sollte; sie hatte sie alle beide gern und wollte weder den einen noch den anderen kränken. Alle beide waren sie jung, beide sympathisch, beide Katalonier. Don Miguel war Marches und Don Vincente nur Cavaliere; dafür aber war Don Vincente größer als Don Miguel, und er hatte auch eine klangvollere Stimme; aber Don Miguel wiederum hatte eine schlankere Taille und ein süßeres Lächeln. Amalias Qual erreichte ein solches Maß, daß sie, um ihr ein Ende zu machen, sich beinahe entschloß, sich für immer in ein Kloster der »Lebend Begrabenen« einzusperren. Um jedoch einen solchen Ausgang zu verhindern, lösten ihre beiden Liebhaber die Frage durch ein Duell. Don Miguel ging mit einer leichten Verwundung an der Schulter daraus hervor; und nachdem er Don Vincente umarmt und geküßt hatte, reiste er allein ab. Es scheint, daß er in den folgenden Jahren überall in der Welt herumgereist ist, ohne Amalia vergessen zu können, und vergeblich eine andere gesucht hat, die Amalia ähnlich gewesen wäre. Schließlich hat er sich in eines seiner Schlösser in Katalonien zurückgezogen und ist an Schwermut gestorben. Wahrhaftig, nachdem er Amalia gekannt hatte, erschienen ihm alle seine Reichtümer, weil er sie nicht gemeinsam mit ihr genießen konnte, wie Sand in der Wüste.

Quellennachweis

RENATE JUST: Die mittleren Jahre, in: When I'm Forty-Four, München 1993. Mit freundlicher Genehmigung des Antje Kunstmann Verlages GmbH, München.

DORIS DÖRRIE: Das Reich der Sinne, in: Bin ich schön?, Zürich 1994. Mit freundlicher Genehmigung des Diogenes Verlages AG, Zürich.

MARGARET ATWOOD: Frauenromane, in: Die Giftmischer, Düsseldorf 1985. Mit freundlicher Genehmigung des Claassen Verlages GmbH, Düsseldorf (jetzt Hildesheim).

ELFRIEDE HAMMERL: Cellulitis, in: Probier es aus, Baby, nf 12376, Reinbek 1988. Mit freundlicher Genehmigung des Rowohlt Taschenbuch Verlages GmbH, Reinbek.

KETO VON WABERER: Das »scheue Wild«, in: Böse Menschen, München 1993. Mit freundlicher Genehmigung des Deutschen Taschenbuch Verlages GmbH & Co. KG, München.

LISA FITZ: Die gute Frau, in: Die heilige Hur, München 1988. Mit freundlicher Genehmigung des Bleicher Verlages, Gerlingen.

IRMGARD KEUN: Porträt einer Frau mit schlechten Eigenschaften, in: Wenn wir alle gut wären, München 1993. Mit freundlicher Genehmigung der Nachlaßverwalterin.

DJUNA BARNES: Aller et retour, in: Leidenschaft. Deutsch von Karin Kersten, Berlin 1986. Mit freundlicher Genehmigung des Verlages Klaus Wagenbach GmbH, Berlin.

JÖRN PFENNIG: Philemons Gruß, in: Immer für dich — nie nur für dich — immer, München 1989. Mit freundlicher Genehmigung des Wilhelm Goldmann Verlages GmbH, München.

ROBERT GERNHARDT: Das Quadrat und die Frauen, in: Letzte Ölung. Ausgesuchte Satiren 1962–1984, Zürich 1984. Mit freundlicher Genehmigung des Haffmans Verlages AG, Zürich.

MASCHA KALÉKO: Träumer mittleren Alters, in: »Horoskop gefällig«, © Gisela Zoch-Westphal. Mit freundlicher Genehmigung des Hunzinger Bühnenverlages GmbH, Bad Homburg.

ELKE HEIDENREICH: Die Zipperlein der Männer, in: Also... Bd. 2, rororo 13068, Reinbek 1992. Mit freundlicher Genehmigung des Rowohlt Taschenbuch Verlages GmbH, Reinbek.

REGINE SCHNEIDER: Mein vierzigster Geburtstag*, in: Powerfrauen. Die neuen Vierzigjährigen, Frankfurt am Main 1993. Mit freundlicher Genehmigung des S. Fischer Verlages GmbH, Frankfurt am Main.

Franziska Polanski: Häppchenschizophrenie, in: Franziska Polanski: Herr Schneider platzt und andere normale Zwischenfälle, Berlin 1994. Mit freundlicher Genehmigung des Verlages Ullstein GmbH, Berlin.

Mascha Kaléko: »Die Leistung der Frau in der Kultur«, in: In meinen Träumen läutet es Sturm, München 1977. Mit freundlicher Genehmigung des Deutschen Taschenbuch Verlages GmbH & Co. KG, München.

Elfriede Hammerl: Wider die Natur, in: Stern 14/1994, Hamburg. Mit freundlicher Genehmigung der Autorin.

Elsa Morante: Donna Amalia, in: Der andalusische Schal, Düsseldorf 1966, 1985. Mit freundlicher Genehmigung des Claassen Verlages GmbH, Düsseldorf (jetzt Hildesheim).

---

*) Titelformulierung der Herausgeber

Das kleine Buch

*Die Reihe liebenswerter Geschenkbücher für
den besonderen Anlaß: als Dankeschön,
als Aufmerksamkeit, als Kompliment, zur Erinnerung ...*

Das kleine Buch...

... vom Mond

... für Verliebte

... für den besonders netten
Kollegen

... zum Hochzeitstag

... zum 60. Geburtstag

... für den Pfeifenraucher

... vom Tee

... der Engel

... der fernöstlichen Weisheiten

... vom Nikolaus

... für echte Freunde

... für einen zufriedenen
Ruhestand

... für ein fröhliches Osterfest

... zum Muttertag

... für das glückliche
Geburtstagskind

... für den Tennisfan

Das kleine Buch...

... für alle, die München lieben

... für den hellen Sachsen

... für den Berliner mit Herz
und Schnauze

... für alle, die Italien lieben

... für die rheinische Frohnatur

... für alle, die Hamburg lieben

... für den echten Hessen

... für den zünftigen Bayern

... für alle, die Österreich lieben

... für den fleißigen Schwaben

... für alle, die die Schweiz lieben

... für alle, die Südtirol lieben

... für alle, die Sylt lieben

... für alle, die Paris lieben

... vom schönen Dresden

... vom schönen Venedig

... für den herzhaften Westfalen

Das kleine Teddybuch

Das kleine Hexenbuch

Das kleine Märchenbuch

Das kleine Liebeshoroskop

HEYNE

Das kleine Buch

*Die Reihe liebenswerter Geschenkbücher für
den besonderen Anlaß: als Dankeschön,
als Aufmerksamkeit, als Kompliment, zur Erinnerung ...*

Das kleine Buch...

... für den perfekten Gastgeber

... für liebenswerte Nachbarn

... für den jungen Vierziger

... als Dankeschön

... für den Weinkenner

... für die wunderbare Großmutter

... für Freunde
charaktervoller Hunde

... für ein frohes Weihnachtsfest

... für die Frau mit Herz
und Charme

... für den unverdrossenen
Raucher

... zum 50. Geburtstag

... für die beste aller Ehefrauen

... für den genialen Computerfreak

... für alle, die bald wieder
gesund sind

... für Freunde
selbstbewußter Katzen

... für den wahren Feinschmecker

... für meine einzigartige
Schwiegermutter

... für den beneidenswerten Single

... für die tolle Frau über 40

... für den passionierten Golfer

... für den besten Vater,
den es gibt

... für lebenslange Flitterwochen

... für die besonders liebe Kollegin

... für den unentbehrlichen
Großvater

... für den begeisterten Radfahrer

... zum Valentinstag

... zum Einzug ins neue Heim

... für den wahren Lebenskünstler

... für frischgebackene Eltern

... für den passionierten Gärtner

... für die liebste aller Mütter

... für den (fast) vollkommenen
Ehemann

... für Linkshänder

... der positiven Lebensregeln

... der alten Bauernregeln

... zum Vatertag

... zum Namenstag

... zur Adventszeit

HEYNE